20 世纪中国图书馆学文库·87

图书馆管理综论

谭祥金 著

圖 国家圖書館出版社

本书据北京图书馆出版社 1997 年 3 月第 1 版排印

前　　言

自有图书馆以来就有管理活动。长期以来,我国图书馆管理处于经验管理阶段,将管理科学的理论与方法应用于图书馆管理实践,把图书馆管理作为一门学科进行研究,还是不久以前的事情。由于图书馆学家与图书馆管理者的共同努力,我国图书馆管理水平有所提高,图书馆管理学也进入了大学的课堂。但是,相对于社会发展的形势和图书馆实践的要求,还有很大差距。现在,我国图书馆事业正在向现代化迈进,而管理科学化是图书馆现代化的重要内容和主要标志,管理水平的提高,对我国图书馆事业的发展有着十分重要的意义。因此,图书馆管理理论与方法的研究将是长期的任务。

1959 年夏天,当我接到武汉大学图书馆学系录取通知书的时候,我的命运就与图书馆连在一起了。1963 年毕业后分配到北京图书馆工作,1973 年起任北京图书馆副馆长,15 年来我参与国家图书馆的管理工作,积累了一定的实践经验。1988 年到中山大学信息管理系任教后,讲授“图书馆管理学”,还主持了国家教委“八五”社会科学科研项目——“图书馆科学管理”。在长期的实践和教学工作中,我深深感到,管理既是科学又是艺术,科学管理理论如何应用于图书馆管理实践,有深奥的学问和巧妙的艺术,特别是如何借鉴国外图书馆管理的经验,寻求适合我国国情和图书馆特点的理论与方法是一个重要的课题。本书力图在这方面进行一些探索,希望对提高我国图书馆的管理水平有所帮助。所以,本书可供图书馆的领导者和从业人员参考,也适用于大学图书馆学、情报学、档案学专业的学生。

本书的出版,得到了北京图书馆出版社曹鹤龙总编辑和张彦博社长的支持与帮助,出版社有关同志为本书付出了辛勤的劳动,在此表示诚挚的谢意。

还要感谢我的学生严峻、郑昕玲、董虹凌、韩婕、甘玲、束漫、胡燕崧、刘超球、陈天文、危由军、邹璇、郑朝辉、江波等人,他们攻读硕士学位期间搜集了大量资料,有些人的毕业论文对我很有帮助。

本书借鉴和吸收了国内外许多专家学者的研究成果,在此致以衷心的感谢。

本书的错漏之处敬请各位专家和读者批评指正。

作者

1996.7.26

目　　录

第一章　管理论

自有人类以来，就有管理活动。管理作为最古老和最基本的职业，对人类文明的发展起到了巨大的作用。无数历史事实表明，国家的兴衰交替，团体的荣辱起伏都与管理有着密切的关系。

在纷繁复杂、变幻莫测的现代社会，管理显得更加重要。英国著名管理学家罗杰福尔克在《漫谈企业管理》一书中指出：当前最迫切的任务就是要回答一个令人十分头痛的问题：人与人怎样才能共同生活和工作而不至于人类毁灭？无论人们怎样看管理（是艺术，还是技术、技能科学、美德，或兼而有之），在管理工作中实行开明的领导就能对解决这个人类生死存亡的问题起决定性的作用。我国管理学者指出：今天决定命运的是管理，管理搞好了，各项事业才能搞上去。所以，重视管理，加强管理，是全人类的需要，是整个时代的呼声。管理既是古老的行当又是年轻的科学，肩负万钧，任重道远，只有不断探索，才能迎接时代的挑战。寻求卓越的管理，是全人类共同的任务。

一、管理的定义

在人们的日常工作和生活中，管理是最常用的名词之一，但究竟什么是管理，并不是容易说清楚的。

管理,从词义上被解释为管辖和处理。这也是人们在日常生活中对管理的理解。从科学的角度去研究时,对管理的含义,就有许多解释,至今还没有统一的定义,主要有以下几种有代表性的说法:

1. 管理是指为实现目标而组织和使用各种资源的过程。

2. 管理是计划、组织、指挥、调节和控制。

3. 管理就是决策。

4. 管理是由专门机构和人员进行的控制人和组织的行为,使之趋向预定目标的技术、科学和活动。

以上各种说法中,我们比较倾向于第一种说法。其实各种说法都有一定的道理,也有一定的局限性,因为理解的角度不同,揭示的含义也就不同,得出一致的看法是困难的。

二、人类管理活动的历史发展

人类的管理活动有悠久的历史,据现存有据可考的记录,早在公元前5000年,生活在幼发拉底河流域的闪米特人已经开始了原始的管理活动。3000多年前中国的商代,国王已经管理百万分工不同的奴隶进行生产劳动,指挥几十万军队作战。以世界奇迹著称的埃及金字塔和中国的万里长城也是生动的例证。埃及的齐阿普斯金字塔,建于公元前2800年,用了230万块巨石砌成,平均每块石方重约2.5吨。中国的万里长城始建于春秋战国时期(公元前7世纪),经过历代修缮,于明朝万历年间(1573年)终于形成了西起嘉峪关,东至山海关,全长6700公里的万里长城,这一工程历时2000多年,投入劳动力达数百万人,动用的土石方如筑成一条1米高1米宽的墙可绕地球13.5圈。筑城所用的砖都按统一规格由全国各地烧制后运到工地,每块砖上都刻有州府县及制造者的名字。在当时的技术条件下,建成如此浩大的工程,是劳动人民智慧的结晶,也是历史上伟大的管理实践。

管理在漫长的历史中,从经验管理到科学管理,从科学管理到管理科学,有一个发展过程。

(一)公共事务管理

原始氏族社会的公共事务管理主要采取两种形式,一是由氏族成员会议决定重大问题,二是由氏族成员选举氏族长管理日常事务。这种管理保证了原始人群的生存和发展。若干血缘相同或相近的氏族联合产生了部落。部落的管理形式,有部落全体成员会,有各氏族代表组成的部落议事会,不同的管理层次管理不同的事务。不同的部落结成联盟,成立联盟议事会,推选首领,有专门管理机构。这种部落联盟沟通了各部落的联系,对原始社会发展到文明社会起到重大作用。与此同时,管理也从原始社会的公共事务管理发展到了国家管理。

(二)国家管理

国家作为阶级矛盾不可调和的产物,其基本职能是阶级斗争的工具,从产生之日起,担负着管理社会的职能,具体表现在:

1.组织的职能。统治者按照居住地把国民组织起来行使管理职权。

2.控制的职能。统治者制定各种法律和条例,并通过军队、警察、法庭、监狱等工具对国家的政治、经济、思想进行控制。

3.权力分配的职能。组织和控制职能的实施,表现为一种权力,而权力总是要人来掌握,必然要任用人员,历代的统治者都将任用人员作为重要的管理工作。

（三）行政和经济管理

资本主义制度的国家管理，集中表现在行政管理和经济管理上。

1. 行政管理

封建国家的行政管理，是建立在专制独裁基础上的。资产阶级革命推翻了封建君主的统治，在否定封建制度的过程中，建立了资本主义国家，其国家行政管理与封建国家有显著不同的特点。

（1）分权管理

把国家的权力分为立法权、行政权和司法权。分权管理方式的建立，是资本主义经济的产物，资本主义经济与封建自然经济根本不同，是一种商品经济。商品经济依赖市场，在社会市场中又有激烈竞争，这种经济不可能凭个人意志随心所欲地进行管理，必须受经济规律的支配。经济领域否定了个人意志决定一切，在国家行政领域中，也就必然否定个人专权。

（2）法治管理

阶级社会产生以后，法治也就出现了，但封建社会的法治极不完善，实质上是"人治"。资产阶级建立的国家，之所以能够实行三权分立的管理，关键在于各个部门各种权限由宪法和各种法律具体规定下来，各司其职，在法定的轨道上运转。

（3）民主管理

资本主义的分权管理和法治管理，都是作为封建专制的对立面而产生出来的，目的在于使任何人都不能独揽一切大权，与个人专制相对立的正是民主，民主管理成为国家管理中的重要因素。

资本主义的国家行政管理，具有反封建专制的进步意义，在管理发展历史上，无疑是一个进步。但国家管理的职能不能脱离阶级统治的职能而单独存在，资本主义的国家行政管理，其管理职能的本质是为资产阶级利益服务的。

2．经济管理

经济管理是相对行政管理而言的,它是指运用经济手段对包括生产、分配、交换、消费等各个环节在内的社会再生产进行组织、指挥、监督和调节,这里所说的经济手段包括价格、税收、信贷、利润、成本、工资、奖金等。

经济管理作为一种管理活动,经历了工场手工业、机器的生产几个时期。经济管理作为社会管理中的一个重要内容,是在近代大机器生产中才出现的。这个时期的经济管理,是在资本主义经济基础上建立起来的,是为经济的发展服务的。它的特点是与行政管理融为一体,当管理的历史发展到经济管理与行政管理一体化时,人们对管理的认识才超出经验而上升到科学,导致了管理学的产生。

三、经验管理的特点

在研究人类管理活动时,人们认为 20 世纪以前的管理活动,虽然也是在对管理的一定认识指导下进行的,但这种认识只停留在经验上,没有上升到科学,称之为经验管理。所谓经验管理,即仅凭管理者的经验或传统习惯进行的管理。它的特点表现在:

1.管理关系简单。一方是管理者,另一方是被管理者,管理者从事管理,被管理者从事操作。管理层次也简单,一般只存在从上到下的直线层次,没有形成纵横交错的复杂的管理结构。

2.管理形式单一。管理的主要方式就是命令与服从,反馈机制极不健全,不能有效地实施管理中的控制与调节。

3.管理手段落后。管理手段主要动用单纯的奖惩,无周密计划,法规不完备,也没有使用先进设备,管理者不能有效地控制事态的发展。

4. 对管理的认识肤浅。管理者凭经验或陈规进行管理,不能自觉地对管理工作进行科学的分析与研究,墨守陈规,周而复始,可能有小的改良,不可能进行根本性的变革。

经验管理既是管理发展过程中的一个历史阶段,也是现实管理中仍然存在的一种现象,不要认为科学管理理论产生后,经验管理就不存在了,实际上仍然存在。

四、科学管理理论的产生

科学管理理论产生于 20 世纪初期,公认的标志是美国的泰罗提出的科学管理法。在这个时期产生科学管理理论,是有其背景和条件的。

1. 生产条件。科学管理理论是机器大生产的产物,生产规模扩大,生产环节增多,竞争更加激烈,造成管理更加复杂。因此,必须对管理问题进行专门研究,以适应新的生产方式。

2. 经济条件。管理本身不是一种生产,而是对生产的一种经营,经营超出了生产本身,扩大到了其他领域。企业为了赢利,就必须处理各个环节之间复杂的关系,解决这些问题,仅靠局部的经验是不行的,必须进行专门研究,提出新的理论。

3. 社会条件。资本主义兴起后的很长一段时间,资本家把工人当成机器一样的工具,残酷地剥削工人,工人奋起反抗,劳资矛盾越来越尖锐。起初,资本家采取高压政策,但不能奏效,从而迫使他们谋求新的途径,力图调缓劳资关系,需要提出新的管理思想。

4. 科学条件。经济的发展带来了科学的繁荣,哲学、心理学、社会学等发展到这一时期日趋成熟。管理理论从一开始就吸收了相关科学的理论,相关科学理论对管理理论的形成和发展有很大的影响。

五、管理学的主要学派

几十年的发展,管理学学派林立,有人称之为管理的<u>丛林</u>,以下的学派代表了管理学的主要观点。

(一)科学管理学派

科学管理学派形成于 20 世纪初期,其主要代表人物是美国的泰罗,他被誉为"科学管理之父",代表著作是 1911 年发表的《科学管理原理》一书。他的管理理论研究的重点是企业的基层作业管理和工人工作效率的提高。核心内容是以时间和动作研究为前提,确定工作标准,以此作为决定工人工资的依据,并由专家制定最佳方法训练工人,以充分利用人力、物力和财力,在最经济的条件下达到企业获得最高额利润的目的。泰罗的理论奠定了管理学的基础,他所制定的管理法称为"泰罗制",直到现在仍在许多企业运用。

(二)古典组织学派

与科学管理学派同时存在与发展的是古典组织学派。该学派侧重于企业的协调与控制,试图从广泛的企业管理经验中归纳出带有规律性的组织原则,建立合理的组织结构。其主要代表人是法国的法约尔,还有德国的韦伯、美国的穆尼等人。

1916 年,法约尔发表了《一般管理与企业管理》一书,提出了管理的职能是计划、组织、指挥、协调和控制,并在此基础上提出了十四项组织原则:①分工;②权与职责;③纪律;④命令统一;⑤指挥统一;⑥个人利益服从整体利益;⑦报酬;⑧集中;⑨等级系列;⑩秩序;(11)公平;(12)人员稳定;(13)创造精神;(14)团结精神。

法约尔对管理学的贡献,还在于他对组织管理和管理过程的分析,他所提出的管理五个职能,形成了完整的管理过程。因此,法约尔又被称为管理过程学派的创始人。

(三)人际关系学派

人际关系学派产生于20世纪20年代。"泰罗制"的推行,劳动生产率大大提高,但工人劳动高度紧张,引起工人强烈不满和抵制,在这种情况下,一些学者从生理学、心理学、社会学的角度进行研究,进行各种实验,其中最著名的是哈佛大学梅奥教授领导的霍桑实验,因而产生了人际关系学派,该学派提出了以下主要论点。

1. 社会人论。这是相对于科学管理学派"经济人"观点提出的。人际关系学派认为,人生活在社会的群体中,不仅要寻求经济收入,而且需要寻求友谊、安全和尊重,对社会群体有一种归属感。

2. 非正式组织论。除了正式组织外,还存在非正式组织。管理者不能忽视非正式组织的作用与影响,应该恰当地对非正式组织进行沟通与控制。

3. 职工参与论。职工参与企业各层次的管理,可以提高职工的主动性和积极性。

(四)行为科学学派

产生于20世纪40年代的行为科学学派,利用哲学、心理学等多种学科,深入研究职工的个体行为,指出组织行为的产生与特点。有以下主要理论。

1. 动机理论。研究个人受内心欲念和需要的驱使,对本人行为的影响。管理者应了解被管理者的心理状态,根据不同的动机,采取适当的预防、诱导、激励手段,使他们增强对组织的归属感。

2. 双因素理论。使人们的需要得到满足的因素称为动机因素,使职工对工作感到厌倦的因素称为保健因素,这两种因素是相互联系又是相互独立的。管理者应首先在保健因素上努力,但只有强化动机因素时,才能充分调动职工的积极性。

3. X 理论,Y 理论,超 Y 理论。X 理论和 Y 理论是对人性认识的两种极端假设。X 理论认为人的本性是不诚实和懒惰的,情愿接受别人的管束。Y 理论认为人的本性并不厌恶工作,也不愿意接受别人控制,并能高度发挥自己的智慧和才能。超 Y 理论认为,管理者应该进行多变量的分析,根据不同的情况采取不同的管理方式。

4. 期望理论。研究如何提高职工绩效的管理理论。所谓绩效,就是一个人工作的成绩及其产生的效果。管理者应当了解职工期望,使他们理解所做的工作与他们所期望结果的联系。

5. 公平理论。职工的工作动机,不仅受绝对报酬(本人实际收入)的影响,还要受相对报酬(与别人比较)的影响。管理者应公平对待被管理者,使各人收入与其贡献相符。

6. 强化理论。人的行为是可以通过一定手段修正的,管理者可以通过奖励性刺激使某种行为得到扶持和增加,也可以通过惩罚某种行为受到抑制。

(五)管理科学学派

20 世纪 40 年代在美国兴起的管理科学学派,打破过去各个学派处于"定性分析"的范围,倡导从定量分析的角度深化管理理论。主要特征是:以系统科学为指导思想,以数学为基本手段,运用电子计算机技术,力求从管理实践中探索出一种定量性的管理理论。

(六)社会系统学派

社会系统学派兴起于 20 世纪 40 年代。该学派认为,组织是一个系统,同时,它又是社会协作系统中的一个子系统。协作系统的三个基本因素是:共同的目标、协作的意愿和信息的沟通,各种组织中不同功能互相弥补,互相平衡推动大系统的运行。

(七)决策管理学派

决策管理学派于 20 世纪 50 年代兴起,主要代表人物是美国的西蒙。他指出:"管理就是决策。"在该学派产生之前,理论研究的重点是"效率",即注重量的多少,而决策学派注重效果,追求质的优异。决策就是从效果出发,充分考虑效率的最大化。

(八)经验主义学派

经验主义学派又称为经理角色学派,形成于 20 世纪 60 年代。该学派认为,科学的管理理论不是理性的推理与分析,而必须从企业实践出发,以企业的管理实践为主要研究对象。该学派研究经理工作的特点、经理担任的角色、经理的品质等问题,其研究方法以案例分析法为主。

(九)系统学派

系统学派形成于 20 世纪 60 年代,它是以系统科学为主要研究方法,力求从系统的观点出发,揭示管理过程的内在本质。该学派认为,企业组织本身就是一个复杂的系统,由人员、物质、资金、技术、时间、信息六个基本的要素组成。

(十)权变理论学派

权变理论学派是 20 世纪 70 年代兴起的管理理论学派,其指导思想是"以变应变",不承认有万能的管理原则,而是试图从管理过程中归纳出解决方案和模式,根据现实的条件,决定具体的管理方法。其特点是重视实际的研究方向,用多变量的分析方法,从各种变量的结合中找出结果,求得准确性和合理性。

以上各个学派各有所长,在各自的领域为管理学的发展作出了自己的贡献,但也有各自的缺陷。以后又出现了比较管理学派,试图吸收各个学派的长处,寻求最佳的管理方式。随着形势的变化,人们还会不断探索。

从管理学的发展过程可以看出,虽然各个学派研究重点有不同的侧面,但至少有两点是共同的,一是重视对人性的研究,寻求人性与科学的契合,抓住了调动人的积极性这个根本。二是重视对管理者与被管理者的研究,寻求相互之间的共同点,缓和管理者与被管理者的矛盾,促进生产力的发展。

六、科学管理的基本原理

所谓基本原理,就是对事物的实质及其运动规律的表述。管理学的基本原理是对管理对象和过程进行科学分析以后,得到的带有规律性的认识。基本原理引申出若干相对应的原则,成为人们共同遵守的行为规范。

(一)系统原理

管理的每个基本要素都不是独立的,它既在自己的系统之内,又与其它系统发生联系。

系统原理相对应的原则是整分合原则和相对封闭原则。

"整"就是对整体有充分了解,"分"就是将整体科学地分解为各个组成部分,"合"就是进行总体组织综合。把握整体,科学分解,组织综合,就是整分合原则的主要含义。

相对封闭原则要求在任何一个系统内,其管理手段必须构成一个连续封闭的回路模式,以保证实行有效的管理。

（二）人本原理

管理学认为，人是管理诸因素中的核心和动力，管理者要在思想上和行动上明确地、坚定地抓住这个核心，充分调动人的积极性。

人本原理相对应的原则是能级原则、动力原则和行为原则。

能级原则要求建立一系列合理的能级，使相应才能的人处在相应的能级岗位上，做到人尽其才，各尽所能。

管理必须有动力，主要是物质动力、精神动力和信息动力。动力原则要求正确地运用动力，使管理有效的进行下去。

人的行为是多样的、复杂的。行为原则要求管理者对各类人员的多种行为进行科学分析和有效管理，最大限度地发挥人的潜力和积极性。

（三）动态原理

管理对象都是一个系统，随着内外条件的变化和发展，可能发生变化，如何注意适应变化以达到整体的、长远的目标，这是动态原理的实质。

动态原理相对应的是反馈原则和弹性原则。

反馈原则要求管理者建立灵敏、有力和正确的反馈系统，适应变化的情况。

弹性原则就是留有余地。

（四）效益原理

效益是管理的根本目的，管理就是对效益的不断追求，效益原理要求正确处理经济效益与社会效益、局部效益与整体效益、短期效益与长远效益的关系，树立正确的效益观。

效益原理相对应的原则是价值原则。强调管理要讲求实效，适应复杂变化的环境,争取最好的效益。

七、管理的作用

管理对人类社会的进步与发展贡献是巨大的。现在人们常说,科学技术和科学管理是现代社会的两根支柱。又有人把它们比作现代社会的两个车轮,推动着社会前进。科学技术的进步对于社会发展的作用是不言而喻的,管理能与科学技术并驾齐驱吗?回答是肯定的。1942 年,美国实施"曼哈顿工程",动员 15 万名科技人员,耗资 20 亿美元,历时 3 年制造出第一批原子弹,揭开了原子时代的帷幕。该工程的技术负责人员、物理学家奥本海默总结说:"使科学技术充分发挥威力的是科学的组织管理。"1961 年,美国制定了轰动世界的"阿波罗登月计划",参加研制的有 200 家公司,120 个大学,前后有 400 万人参加,花费 300 亿美元,其技术的复杂程度是罕见的,发射的火箭有 560 万个零部件,飞船也有 300万个部件。1969 年人类终于登上了月球,这项划时代的科研成果是怎样取得的呢? 阿波罗计划的总负责人韦伯博士总结说:"我们没有使用一项别人没有的技术,我们的技术就是科学的组织管理。"的确,管理关系到国家的兴衰、团体的成败和个人的前途。

第二次世界大战以后,英国落后于美国,原来他们以为是由于美国技术先进,后来专家考察小组发现,主要原因是管理水平落后于美国。二次大战后的日本一片废墟,人民在死亡线上挣扎,1945年平均国民收入是 20 美元,1979 年达到 10000 美元,1988 年超过美国(17850 美元)达到 20565 美元。日本是一个没有充足自然资源的国家,但却成为世界经济强国,它的成功因素是复杂的,但其中一点是肯定的,就是得益于他们建立的独特的管理模式和企业文化。

建国以来,我国各个时期、各条战线的成绩和失误,在一定程度上都与管理有着密切的关系。我们有成功的经验,也有惨痛的教训。管理水平低是阻碍当前经济发展和社会进步的重要因素之一。由于决策失误、管理混乱造成损失的事例比比皆是,不胜枚举。加强科学管理成为人民的强烈呼声,国外的有识之士也有同感。一些外国专家考察中国的机械制造业后觉得很奇怪,中国机械工业能力这样强,设备这样好,技术力量也不弱,为什么产品陈旧落后,还要向国外进口?他们得出一致的结论是:中国工业当前最主要的问题是管理水平低。当前需要优先解决的问题,第一是管理,第二还是管理。

美国微软公司总裁比尔·盖茨在1995年作为旅游者在中国漫游一段时间后说:中国是一个主要靠人实现繁荣的国家。他们的才干借助于电脑将会更有效地发挥出来,但这个目标还不可能马上实现,对他们来说,管理企业的启蒙教育要比电脑重要一百倍。

至于由于管理的原因造成团体的成功与失败的例子很多,这里就不多例举了。由此看来,管理的确有巨大的作用,管理有一种结合力,能够将管理系统内的各种相关因素密切地结合起来;管理有增殖力,能使整体功能大于部分之和;管理有传输力,能使构成管理对象的各种物质、能量、信息按照一定的方向进行交流,以形成良好的动态结构和合理的布局;管理又有驱动力,能推动各种管理对象按预定目标正常运行,促使目标的实现。

第二章　图书馆管理论

一、图书馆管理的概念

图书馆管理是人类管理活动的组成部分。什么是图书馆管理,国内外学者有不同的说法。笔者认为,图书馆管理是图书馆通过专门的机构和人员,合理配置和使用图书馆资源,达到预期目标的过程。

图书馆管理的对象是图书馆系统,有宏观系统与微观系统之分。宏观系统的管理是对图书馆事业的管理,微观系统的管理是对具体图书馆的管理。

图书馆管理的目的是合理地配置和充分利用图书馆的资源,更好地履行图书馆的职能。

图书馆有悠久的历史,有了图书馆就有图书馆管理实践。在漫长的历史长河中,出现了许多优秀的管理者,他们的实践与理论是宝贵的文化遗产。

二、古代图书馆管理

古代图书馆以收集和保存图书为目的,图书馆管理者凭藉个人的知识与经验,采用手工操作方式对图书进行整理与保存。

古代图书馆的管理者大多具有渊博的知识，是某一方面的学问家，重视对文献的收集和整理，也积累了丰富的保管文献的方法。中国古代许多官府和私家图书馆工作者创造和积累了系统的图书馆管理制度和方法。

春秋时期，孔子和他的弟子们给《易经》一书和《尚书》、《诗经》中的各篇做了必要的说明，这就是后世所称的大序和小序，它们为编目工作中提要的发展奠定了基础。

西汉末年的刘向编有《别录》，他的儿子刘歆继承父业，以《别录》为基础，编成《七略》。《七略》是我国第一部图书分类法，比欧洲的第一部图书分类法要早1000多年。《别录》把篇次发展为篇目，成目次状，使序成为叙，具有解题性。刘向开叙录体解题之先河，不仅对当时学术起了推动作用，而且成为后世目录的典范。他们的校书编目工作，建立了中国封建时代图书馆工作的基本模式。

从隋唐开始，关于藏书聚散的情况和原因已经引起关注。隋秘书监牛弘于开皇三年（公元583年），鉴于隋朝新立，典籍散逸，国家藏书尚少，撰写《请开献书之路表》，派专使搜访遗书。表中详列自秦汉至隋初历代典籍散之及购求经过，陈述图书数兴数厄的过程，提出"经邦立政，在于典谟矣。为国之本，莫此优先"的论点，说明他认识到国家藏书的重大意义。

唐代的名相魏征，也当过秘书监，他既是一位著名的政治家，又是一位杰出的图书馆学家和目录学家。《隋书·经籍志》是他的代表作，该书反映隋朝的藏书，又记载六朝时代图书馆的变动情况。《隋书·经籍志》沿用四分法，第一次使用经、史、子、集作为类目名称，确立了以后公、私家藏书的书目分类体系。其中的总序、大序、小序、注释，至今仍然是考证唐以前古籍状况的重要文献。他还在该书中指出藏书一是在于"学"，二是在于"教"，提出"藏用为治"的观点。

程俱在南宋首任秘书少监时，将北宋时期皇家图书馆的沿革、职能、人员,藏书的征集、整理、典藏和利用等基本工作,于绍兴元年(公元1131年)写成《麟台故事》一书,进呈朝廷。他认为图书馆的职能是:第一,养育人才。图书馆"聚天下贤才长育成就",对培养人才有重要作用。第二,资政参考。图书馆应"待贤应而备讨论",成为朝廷"深思治乱,指陈得失"的参谋部。第三,利用国家藏书进行修纂工作。此外,他还就三馆秘阁工作的内容、人员管理及待遇、馆舍建筑等方面提出建议,为当时政府所采纳,诏令"既略实行",连清乾隆皇帝都极推崇此书并颁令执行,可见程俱的思想对古代图书馆学的影响。

南宋郑樵所编《通志二十略》颇有创见,特别是其中的《艺文略》、《校雠略》、《图谱略》、《金石略》是他研究目录学理论和实践的总结。《校雠略》是目录学专著,提出了一些不同于前人的学术观点,在目录的著录方法与范围上,指出不能"只记其有,不记其无",应将书、图兼收,通录古今,以便于辨章学术,考镜源流。在图书分类理论上,他提出"类书犹持军也,若有条理,虽多而治;若无条理,虽寡而纷","类例既分,学术自明","若无部伍之法,何心得书之纪","书籍之亡者,由类例之法不分"。在解题和编目问题上,他认为"书有应释者,有不应释者,不可执一概之论",即使对应释之书,也不能泛泛而说,提出"泛释无义"的原则,要求编目时目录要著录全面。在藏书理论上,他总结出访求图书的8种方法,一即类以求,二旁类以求,三因地以求,四因家以求,五曰求之公,六曰求之私,七因人以求,八因代以求,也称"求书八法"。他提出图书馆的知识是"天下之大学术"之一,同为"百代之宪章,学者之能事",明确地把图书馆列为一门单独的学问。

金代的孔天监,在《藏书记》中提倡建立公共藏书楼,反映公开藏书的思想。他设想公共藏书楼建成后,"将见濡沫涸辙者,游泳于西江之水;糊口四方者,厌平大创举仓之粟",即社会人士所得利益,就如久渴者游于江中,饥饿者获国家之仓米一样。

祁承㸁是明末清初的藏书家、目录学家和图书馆学家。出身官宦书香门第，自幼好学，用毕生精力财力访求图书，藏书之库为"澹生堂"，曾手订《澹生堂书目》，所载书籍9000多种，10万余卷。一生著作甚丰，图书馆学代表作为《澹生堂藏书约》，该书除前言外，有"读书训"、"藏书训略"、"聚书训"3篇。读书、聚书二训，系抄集古人读书与聚书足为规训之事迹而成，旨在倡导读书，激励藏书。藏书训略分为购书与鉴书两节，系撰写平生购书、鉴书的经验。在"购书训"中，除崇尚郑樵的"求书八法"外，还新增了三法，即辑佚法、别出法、序跋法。在鉴别图书的标准方面，提出应"审轻重，辨真伪，核名实，权缓急，别品类"。

孙庆增是清代藏书家和图书馆学家，他的代表作是《藏书纪要》。该书全面总结了我国私人藏书的技术经验，把私人藏书目录的编纂和目录体系的完善从理论上进行了高度概括和详尽阐述。有的学者称它为"我国全面论述藏书技术的第一本专著"。

清代周永年曾参加《四库全书》的编纂工作并主持编纂子部图书。其《儒藏说》18篇，反映了他的图书馆学思想。他认为"书籍者，所以载道纪事，益人神智者也"。有感于过去官私藏书"藏之一地，不能藏于天下，藏之一时，不能藏万世也"。所以他提倡建立公共"儒藏"。"儒藏"的目的，以便流通，流通的目的，可以变天下无用之学为有用之学，让那些"欲购书而无从"，所学迄不能自广者，"假馆以读，数年之间，可以略窥古人大全，其才之成也"。他倡议建立义学，以义田作经费，向热心者募集图书，且义学置活字版一套，排印所藏秘本，与其他义学交换，以丰富藏书供人借阅。他身体力行，将自己的藏书楼改名为"借书园"，与好友桂馥一起，将私藏图书10万卷公开供人借阅传抄，广泛流传。在兴办"儒藏"的措施上，他认为有多种办法，"凡有志者，或出其家藏；或捐金购置于中，以待四方能读之人，终胜于一家之藏"。《儒藏说》中图书公藏公用的思想，有近代公共图书馆的意识，在当时的历史条件下,是难能可贵的。

章学诚是清代史学家、目录学家,他博览群书,著作甚丰,《文史通义》和《校雠通义》是目录学理论专著。他继承和发扬了刘向、刘歆、郑樵的目录学思想,用"辨章学术,考镜源流"高度概括中国古代目录学的精华和优良传统。在图书分类、编目著录等方面,他主张书目分类体系及类目设置应随学术的发展和图书的变化而变化,提出撰写类叙和提要、编制索引并采用互著的方法。他的主张,有力地提高了目录的学术价值,推动了目录学的理论研究。

这些丰富的实践和光辉的思想不仅推动了我国古代图书馆的发展,也为我国图书馆管理留下了宝贵的财富。

三、近代图书馆管理

近代图书馆的主要特点是对公众开放,重视读者服务工作,为此建立了相应的管理制度与管理方式,从封闭转向开放式管理。馆际的联系与合作也大大加强,管理职业化和管理工作制度化是近代图书馆管理的主要特征。

鸦片战争以后,中国沦为半封建半殖民地社会,中国的先进知识分子在面对帝国主义侵略压迫,民族危机十分严重,寻找救民富国之道时,认识图书馆是辅助教育、增进知识、启发民智、育才强国的机构。改良派把图书馆作为"教育救国"的工具,现介绍几位有代表性的人物。

郑观应是广东中山人,早年在上海习商,捐资得道员衔。历任上海织布局总办、轮船招商局会办、汉阳铁厂总办、粤汉铁路总办等职。1892 年(光绪十八年),他撰写了《藏书》一文,深叹"独是中国,幅员广大,人民众多,而藏书仅此数处,何以启蒙惠士林!"

对照西方诸国藏书，中国图书馆"深秘藏庋，寒士末由窥见"。因此，提出"广置藏书以资诵读者至为功夫也"，"各直省督、抚于各厅、州、县分设书院，购中外有用之书，藏贮其中，派员专管。无论寒儒博士，领凭入院，即可遍读群书。""数十年后，贤哲挺生，兼文武之资，备将相之略"，"若合天下之才智聪明，以领中外古今之变故，标新穷异，日就月将，我中国四万万之华民，必须有出于九州万国之上者。"《藏书》一文提出了广建图书馆，购藏中外书籍，供世人研读以达到读书救国的目的，强调了图书馆事业在整个国民教育中的社会地位和重要作用。他的图书馆学思想对后来的徐树兰、康有为、梁启超等维新变法者影响极大。

以康有为、梁启超为首的资产阶级自由主义改良派登上政治舞台后，他们在设学会、办学堂、开报馆的同时，非常注重学习西方资本主义经营图书馆的方法，把开办向社会开放的图书馆作为传播新思想、新知识，改变旧风气的重要措施。认为图书馆是宣传资本主义思想和政治主张的工具。康有为一边上书"州县、乡镇皆设书藏"，以"开发之智"，一边上书"请皇上大开便殿，广陈图书，每日办事之暇，以一时新监燕坐，顾问之员，轮二十员分时侍值，皇上翻阅图书，随宣咨问，方以中外之故，古今之宜，经义之情，民间之苦，吏治之弊，地方之情。"图书馆在于"冀输入世界之知识于国民"。这些思想的传播，对于中国近代图书馆的兴起起了促进作用。20世纪初，我国公立、私立图书馆相继建立。1904年一所官办公共图书馆——湖北省图书馆建立。1902年，徐树兰在浙江绍兴创立私立公共藏书楼——古越藏书楼。徐树兰认为"国力之强弱，系人才之盛衰；人才之盛衰，视学识之博陋"。因而捐建"古越藏书楼"，"为造就人才之一助"。自1905年至辛亥革命前夕的数年间，我国公立、私立公共图书馆逾20所。1909年，清政府颁布了《京师及各省图书馆通行章程》，这是中国第一个正式的全国图书馆法规。该法规对中央、省、州、县的图书馆设置，作了明确具体的规定,为当时中国的图书馆建设提供了依据。随着西方资本主义思想文化在中国的传播和资本主义国家图书馆对中国的影响,在中国近代资产阶级改良派的倡导和推动下,近代图书馆在本世纪初终于在中国诞生。

1919年的"五四"爱国运动,是中国革命的历史转折点。它标志着资产阶级领导的旧民主主义革命的终结和无产阶级领导的新民主主义革命的开始。在俄国十月革命的影响下,在马克思列宁主义传播过程中,中国产生了具有初步共产主义思想的知识分子。

中国共产党的创始人之一李大钊于1918年1月由章士钊推荐,任北京大学图书馆主任,到任后,首先从整理工作入手,积极进行目录编制,改进藏书工作,开展开架借阅。至1920年,北京大学三个学院都开设了阅览室,每日开放达十二小时,书库也管理得井井有条。李大钊十分重视图书馆事业和图书馆教育的发展,早在1919年就提出:"图书馆和教育有密切的关系。想教育发展,一定要使全国人民不论何时何地都有研究学问的机会","想达到这种完美教育的方针,非依赖图书馆不可。"李大钊认为学校图书馆与教学法有密切关系,随着教学法的改变,图书馆的工作应发生相应的变化,首先要收藏许多参考书,增加复本,鼓励学生的研究兴趣,应开架借阅,并以分类目录作为开架目录。李大钊十分重视干部的培养,呼吁设立图书馆学专修科或简易的传习所,培训干部,使管理图书的人都有图书馆学专业知识,认为这是关系中国图书馆前途的事情,也是关系中国教育前途的事情。1921年12月他在《晨报》发表《美国图书馆员之训练》一文,详细介绍了美国图书馆学校从1878年到1898年的发展情况。

1917年至1927年的"新图书馆运动",对于近代图书馆学的发展起了重要的促进作用。1920年武昌文华图书馆专科学校的建立,标志着我国独立的图书馆学教育的开始。1925年成立了图书馆工作者自己的组织——中华图书馆协会。

与此同时,西方图书馆学理论与方法的传入也对我国图书馆管理有很大影响,突出表现在 20 世纪以来,尤其是 20—30 年代之际,人们大量翻译西方图书馆学专著,造就了一代著名的图书馆学者,如沈祖荣、杜定友、刘国钧、马宗荣、李小缘、洪有丰、皮高品等,他们是这一时代我国图书馆学的开拓者和代表人物,他们都以毕生的精力从事着图书馆工作,他们的著述是我国图书馆学发展历史中的宝贵财富。1926 年洪有丰的《图书馆组织与管理》和马宗荣的《现代图书馆经营论》出版,这是最早的关于图书馆管理的专著,标志着我国图书馆管理进入了一个新的阶段。

四、现代图书馆管理

现代图书馆的主要特点是馆藏多样化,技术自动化,组织网络化,服务优质化,管理科学化。由于科学技术的发展和社会需求的变化,使图书馆事业发生了深刻的变革,要求图书馆管理适应形势的发展。在科学管理理论产生后,各个学派的理论和方法开始在欧美资本主义国家图书馆界应用。以美国为例,20 世纪 30 年代科学管理理论与方法引进到图书馆,1930 年,美国的科尼(Donald Coneg)在《科学管理与大学图书馆》一文中就认为,科学管理为图书馆管理人员在进行活动时提供了有用的工具;图书馆机构作为效率和经济实体必须采用和适应大生产的原则和方法。自此以后,图书馆界在实践中进行了许多探索,1966 年多尔蒂(Richard M. Dougherty)和海因里兹(Fred J. Heinritz)出版了《图书馆工作的科学管理》一书。1934 年丹顿(J. P. Danton)发表了《我们的图书馆——走向民主制度的趋势》一文,将行为科学理论引入图书馆界。此后人们运用人际关系学派和行为科学学派的理论,探讨调动图书馆人员积极性的有效手段与方式,在图书馆工作人员的需求、动机、个性、人群关系、民主管理、激励手段等方面进行了深入的研究。长期以来,人员管理始终是热门话题,出版了一批专著,费伊斯、麦考尔、怀特等人在不同时期出版了《图书馆人员管理》,默斯撰写了《高校图书馆人员管理》等。60年代末期,系统理论开始在图书馆管理中应用,著述也不少,如1960年玻奥尔特的《大学图书馆系统分析》,1970年切曼的《图书馆系统》等。70年代以来,运筹学与数学方法应用于图书馆管理,在馆藏组织、馆藏流通、用户行为、经费使用等方面建立了相应的数学模型,使图书馆管理更加精确。代表性的著作有兰开斯特(F. M. Lancaster)编著的《图书馆服务的衡量与评价》,陈刘钦智(Ching chin shen)的《运筹学模型在图书馆的应用:案例研究》等。80年代以后,其他管理学派的理论和方法在图书馆管理中也有所应用,对图书馆管理的实践与理论进行研究的论著不少,代表性的著作是1977年R. D. 亚斯图亚特和J. T. 伊斯特利克合著的《图书馆管理》,1981年出版修订第2版,此书已译成中文。还有W. B. 希克斯(Warren B. Hicks)和A. M. 蒂林(Alma M. Tillin)合写的《管理多载体图书馆》,该书1977年出版,中译本名为《现代图书馆》。

在列宁图书馆事业管理思想指导下,前苏联形成了完整的图书馆管理理论。自十月革命成功后,列宁对苏联图书馆事业起草或发布的书信、电报、指示、文件、法令、决议等约有300件,其基本内容是:对图书馆事业进行集中统一管理;建立图书馆网;强调图书馆必须搞好服务工作;重视图书馆队伍建设;加强图书馆统计工作;实行定量管理等。克鲁普斯卡娅忠实执行了列宁的思想,为苏联图书馆管理及理论建设作出了巨大贡献。苏共和政府发布了一系列的指示、决议与法规,为苏联图书馆事业的组织与管理提供了指导原则。在学术界,自20世纪50年代以来,苏联图书馆学家开始探讨图书馆管理领域的一些理论问题,主要是围绕列宁、克鲁普斯卡娅的图书馆管理思想进行说明、阐述,代表著作是O. C. 丘巴梁于1956年发表的《苏联图书馆事业组织原理》。从70年中期开始,注意吸收其他学科的理论与方法对图书馆管理进行研究,代表著作是丘巴梁的《普通图书馆学》。80年代,苏联图书馆管理内容有所突破,图书馆管理学成为独立的分支学科,代表著作是И.М.福鲁明著的《图书馆组织与管理》,该书1980年出版,是高等院校图书馆学专业教科书。

新中国成立初期,我国对欧美图书馆管理理论进行了批判,其后引进列宁图书馆管理思想和苏联的管理理论,对图书馆管理实践中的一些问题进行了研究,一度制定了一些法规。1958年,北京大学、武汉大学图书馆学系开设了《图书馆工作组织》和《图书馆行政》课程。但在这一时间由于受"大跃进"运动高指标、瞎指挥、浮夸风的影响,造成了图书馆管理的混乱。1962年到1965年期间,根据中央"调整、巩固、充实、提高"的方针,在加强图书馆基础建设,健全规章制度,提高领导干部素质等方面进行了探讨。1966年至1976年十年"文化大革命",图书馆事业遭到巨大破坏,图书馆管理处于极度混乱状态,图书馆管理的研究也被迫停顿。1977年以后,由于图书馆事业发展的需要,图书馆管理理论的研究逐步引起重视。1981年中国图书馆学会学术委员会在四川成都召开了"图书馆科学管理学术讨论会",同年,北京大学、武汉大学图书馆学系合编的《图书馆学基础》出版,其中一章为"图书馆科学管理"。10多年来,在图书馆管理领域,发表的论文上千篇,专著10多部。如辛希孟、江乃武编写的《图书馆科学管理科学化概论》(1981年),张德芳编写的《图书馆科学管理》(1983年),于鸣镝著的《图书馆管理学纲要》(1986年),王淑惠著的《现代图书馆管理》(1989年),鲍林涛主编的《图书馆管理学》(1989年),王学东编著的《图书情报管理学概论》(1990年),单行主编的《高校图书馆管理》(1991年),黄宗忠编著的《图书馆管理学》(1992年)等。在许多高等学校的图书馆学专业,开设了"图书馆管理学"课程。与此同时,翻译了国外主要是欧美国家关于图书馆管理的文章和专著。在图书馆管理的实践中,人们对一些管理制度进行了改革,从馆长负责制、岗位责任制和目标管理等方面进行了探索。然而,到目前为止,我国图书馆管理水平较低,还没有建立适合我国国情的管理体制,也没有形成系统的有中国特色的图书馆管理理论与方法,这正是我们需要探讨的课题。

五、图书馆管理学

图书馆管理学是研究图书馆管理活动及其规律的科学,是管理学在图书馆管理实践中的应用,是图书馆学的一个分支学科。其学科性质属于社会科学的应用学科。图书馆管理学的研究对象是图书馆管理的实践活动。

图书馆管理学的研究任务是揭示图书馆活动的基本特点和规律;设计科学合理的管理模式和程序;建立图书馆管理学的体系结构;完善和创新图书馆管理的方法与技术等。

研究内容包括:

1. 基础理论的研究。包括:关于马克思主义方法论对图书馆管理学研究的指导意义与作用;关于管理哲学、管理科学的基础理论结合图书馆管理实践的运用研究;关于图书馆管理思想的演进及发展成就的研究。

2. 图书馆管理实践活动的研究。关于图书馆的行政管理、业务管理、人事与劳动管理、建筑与设备管理和开发经营管理及领导艺术等特点与规律的研究。

3. 图书馆管理手段与方法的研究。关于法律的、行政的、经济的等管理手段与方法的研究。

4. 管理技术与管理工具的研究。主要包括各种管理技术(如决策技术、网络技术、价值工程等）和以电子计算机为代表的管理工具运用的研究。

第三章　目标论

一、目标的概念

目标是人们希望达到的境地。制定和实施目标是管理活动的出发点和归宿,目标是动员和组织群众共同奋斗的纲领,它能把分散的、自发的力量组织起来,做到"心往一处想,劲往一处使",大家为共同的目标而奋斗。所以目标具有指明方向的作用,同时,它又是检查工作的标准,实施目标所达到的结果是评价业绩的依据。一个国家、一个团体乃至个人,在一定时期应该有一个奋斗目标。图书馆也是一样,适时地提出恰当的奋斗目标是管理者应有的职责,如果"碰到什么干什么,想到什么做什么","脚踩西瓜皮,滑到哪里算哪里",最多只是忙忙碌碌的事务工作者,而不是一个好的管理者。

制定目标是一件严肃的工作,在制定目标时应注意以下几个方面的问题。

(一)目标的准确性

只有正确、适当的目标才能收到良好的效益。因为目标效益＝目标方向×工作效率。目标方向正确,工作效率越高,效益就越大;反之,如果目标方向不正确,效率越高,损失就越大。1958年全民炼钢运动,人们日夜奋战,效率不能说不高,但花费大量人力、物力、财力炼出的钢实际上是一堆废铁。所以,必须进行认真的调查研究,抓住本单位的主要矛盾,提出准确的奋斗目标。

(二)目标的可行性

制定目标是要实施的,提出的奋斗目标要建立在一定条件的基础上,如果不顾条件提出不切实际的奋斗目标,会挫伤群众的积极性,也会损害领导的威信。

(三)目标的激励性

目标是面向未来的,对群众应起到鼓舞作用,对工作有促进作用,应该是经过努力才能达到的结果。正如站在地上摘树上的桃子,总得跳一跳才能摘到桃子,如果一伸手就能把桃子摘到手,也就没有激励性,如果不管怎么跳都摘不到桃子,这就没有可行性。

(四)目标的可衡性

奋斗目标不只是空洞的口号,应有数量和质量的要求,有可供检查的标准和依据。

目标从规模上可分为战略目标和战术目标。所谓战略目标是关系全局的长远的目标,所谓战术目标是解决局部问题的目标。从时间上可分为长期目标、中期目标和短期目标。长期目标一般在 10 年以上,中期目标 5 年左右,短期目标为 1—3 年。从内容上可分为综合目标和单项目标。综合目标包括多个部门和项目,单项目标只是限于某一项目。

二、岗位责任制

党的十一届三中全会确定把工作的重点转移到经济建设上来,为了适应形势发展的需要,对原有的管理体制和管理方式进行了变革,80 年代初期在不少行业推广岗位责任制。岗位责任制的原理来源于"泰罗制",是以明确不同工种的岗位责任为前提,制定数量与质量的要求,以此作为考核和奖惩的依据,做到任务明确,责任到人,严格考核,奖惩分明。其目的是克服"干多干少一个样","干与不干一个样",吃"大锅饭"的现象。

总之,岗位责任制以规章制度的形式明确规定每个工作人员的岗位,以及应该达到的基本要求和应负的责任,并据此进行考核和奖惩。其核心内容有如下几项:①确定岗位,明确岗位的工作范围;②明确各岗位的责任和任务;③规定每项工作质和量的指标;④规定工作人员处理工作问题的权限;⑤关于工作人员职业道德的规定;⑥每项责任有严格的赏罚规定。

在图书馆界,北京图书馆是推行岗位责任制较早的单位,经过长时间的酝酿和准备,1984 年 5 月 18 日馆务会议通过了"关于试行岗位责任制的决定",对实行岗位责任制的目的与要求、基本原则和基本作法、考核的内容和办法、奖惩的办法和权限及奖金的分配等方面作了明确的规定,要求先在各部、处进行试点,10 月以后全面铺开。与此相配合,1984 年 10 月制定了"北京图书馆各部、处工作职责范围及部(处)主任(处长)工作职责试行条例"。1985年 1 月 2 日公布了"北京图书馆业务工作规范",将全馆的业务工作分为图书采访工作、图书分类编目工作、报刊资料采访加工工作、典藏及流通工作、阅览及参考咨询工作、文献研究及书目编辑工作等六大系统,对每个系统的工作要求、完成时限、工作量综合指标和各个业务环节的工作内容、工作定额、质量要求、人员水平等方面作了明确详尽的规定,各个科组制定了实行岗位责任制的细则和办法。

根据一年多的实践,1987年2月又公布了修订本,将全馆业务工作分为中文普通图书资料采访和加工系统,外文普通图书采访、加工和国际交换工作系统,善本特藏图书采访、加工和修复工作系统,报刊资料采访和加工工作系统,书刊资料典藏和外借工作系统,阅览、参考咨询工作系统,专题研究、文献研究和书目索引编辑工作系统,馆藏文献缩微复制工作与读者复制服务工作系统,计算机应用与管理工作系统等十大系统,比以前更全面、更详尽、更有可操作性。

自1987年《北京图书馆通讯》第二期正式发表"北京图书馆业务工作规范"以后,全国各个系统的图书馆都先后以此为参照,制定了本馆各个岗位的定额标准,岗位责任制开始在图书馆管理中得到广泛应用,成为我国图书馆管理中一种普遍的管理方式。从北京图书馆实践的结果表明,有积极作用,也存在不少问题。

从一开始,北京图书馆就把推进岗位责任制作为改进工作作风,提高工作效率,提高服务质量,加强职工队伍建设的措施,是管理制度和管理方式的一次改革。在实行岗位责任制的初期取得了显著的成绩,劳动纪律普遍好转,工作效率有所提高,一些老大难问题有所突破。

例如外文采编部根据各组不同的情况,大体有三种形式:①采编工作实行定额管理,规定各工种的指标和规范,采取计量考核办法。②国际交换组大多数工种难以用数量计算,故把全组工作进行分解,分给组员承包。③东文采编组属下的日本出版物文库阅览,制定工作人员的工作职责和服务公约,以此作为考核的依据,每月终进行考核奖评。经过半年实践,各组工作量都有不同程度提高,下表可以说明。

月份 工作量 组别	岗位责任制以前 （1—5 月） 每月平均工作量	岗位责任制以后 （6—12 月） 每月平均工作量	岗位责任制前后每月 平均工作量增加情况
西文采访组	2261 册	3858 册	登记加工量增加 71%
西文编目组	1522 种	1921 种	分编加工量增加 26%
东文采编组	958 种	1543 种	分编加工量增加 61%
俄文采编组	760 种	907 种	分编加工量增加 19%

外文图书的加工，工序复杂，文种繁多，能计量的工序近 20 项之多，除英、日、俄、德、法等语种外，还有其它小文种约 74 种。试行岗位责任制以后，各文种图书加工量平均提高了 48%。各组的人均日工作量也有上升。对比情况如下：

月份 人均日指标 文种	岗位责任制以前 （1—5 月）	岗位责任制以后 （6—12 月）	岗位责任制前后人均 日指标增长情况
西文编目	3.95 种	5.05 种	增加 1.10 种
东文编目	4.35 种	4.9 种	增加 0.55 种
俄文编目	3.46 种	4.09 种	增加 0.63 种

西文采访组在 1984 年 4 月以前历年积压下来的未登图书有 20000 余册，5 月份实行了工序改革和个人工作计量，当月平均每人的登书量从过去的每月 214 册一跃而为 506 册。6 月份实行岗位责任制以后，全组同志充分发挥了积极性，在短短两个月时间内，把 20000 多册积压书基本清理完毕，其中 7000 余册是业余加班完成的，余下 13000 多册积压书是在提高工作效率以后，用上班时间完成的。

在搬迁新馆以前，北京图书馆基本上是闭架借阅书刊资料，取书速度慢是书库组多年来一直未能得到解决的老大难问题。论其"老"，是因为从 50 年代读者就开始对取书慢提出批评意见，这种批评一直延续了近30年之久;论其"大",是因为书库组是全馆的第一线单位,是直接为读者提供服务的,工作效率的高低,服务质量的优劣,直接关系到一个国家图书馆的声誉问题;论其"难",是因为长期以来,为了解决这个问题,历任组长都动了不少的脑筋,想了不少的办法,但收效甚微。1983年3月,借文明礼貌月的东风,在馆领导的直接关心下,大搞群众运动,取书速度大有起色,并获得文明礼貌月成绩优秀奖状。但好景不长,3月份一过,取书速度又降了下来,看来解决此问题可谓"难"矣!

造成上述局面的原因是多方面的,其中原因之一是由于吃大锅饭,责任不明确,有些工作人员责任心差,工作懒散,缺乏一种强烈的职业道德感,致使工作质量低劣,在读者之中造成不良的影响,损害了整个书库组以及整个图书馆的声誉。从1984年3月开始实行岗位责任制,10个月后,书库组的工作发生了较大变化。首先是取书速度由慢变快。我们在制定责任制时就把解决速度作为我们的主攻方向,为此,我们对取书工作人员首先制订了取书盖章制和取书记时制两项责任制度。

取书盖章制要求每个取书工作人员接到读者的索书单之后,首先盖好自己的代号章,这样使每一份索书单在取出书刊的速度、工作质量、拒绝的准确性方面都有明确的责任者。取书盖章制是实行岗位责任制最基本的手段,是掌握每个取书人员工作状况的可靠依据。

取书记时制就是根据书库各取书片的实际情况,分别制订不同的取书速度的标准,这个标准是从长期的工作实践中总结出来的,是比较客观的,是要求每个取书人员都应该达到的最低标准。

采取上述措施以后,取书速度很快由慢变快。据取书速度考核统计:3月份,个人取书速度最快的每种书5分钟,最慢的每种书18分钟,全组的平均速度每种书12.7分钟。据记录可查,取书超过标准时间的书单有67份,约占全月取书量的3‰。4月份,个人取书最快的每种书 5 分钟,最慢的每种书 22 分钟,全组的平均速度为每种书 12.3 分钟。记录到取书速度超过标准时间的书单有 27 份,约占全月取书量的 1.2‰。12 月份,全组平均速度每种书 11 分钟,记录到取书速度超过标准时间的书单有 11 份,约占全月取书量的 0.5‰。从以上 3 个月对取书速度统计结果可以看出,实行岗位责任制以来,速度基本是平稳的,没有出现大起大落的现象。

其次是差错率减少。试行岗位责任制以后,工作人员的责任心普遍增强了。在取书工作中,认真查找,一丝不苟,取错书刊的现象大大减少了,不负责任地乱打拒借的现象已经极少了。据书刊取错率统计:3 月份全书库取错书刊 47 册,占全组流通量的 2.4‰。四月份取错书刊 45 册,占全月流通量的 0.4‰。上述变化广大读者给予了热情的表扬。意见簿中写到:"实行岗位责任制后,借书速度确实大大加快了,感谢你们的改革!""北京图书馆外借工作效率高,能理解外地同志时间紧的要求,表示感谢!"诸如以上这种表扬意见,过去是很少能见到的。而且,自实行岗位责任制以来,出勤率逐月提高,内部工作比以前也好了。

实践证明,岗位责任制作为一种明确具体的管理方法,对克服吃"大锅饭"带来的责任不清、职责不明等消极现象,对激励员工的工作热情,调动员工积极性等方面起到积极推动作用,在某些部门和工种有显著效果。其实,当时北京图书馆的奖金很少,平均每人每月不到 10 元钱,有限的奖金拉开距离,有一定的物质利益,但主要是精神的作用。过去干多干少一个样,大家混在一起,干好干坏分不清,现在分清楚了,对干得好的是鼓舞,对干得不好的造成了压力。有的同志说:"改革的政策得人心,现在好坏分清,赏罚分明,奖金的差距拉开了,干得好的同志尝到了多劳多得的甜头,积极性更高了。""工作应该有统一指标,这样评价每一个人的工作时才有客观标准。我们不仅要提倡'勤勤恳恳',更要注意提高工作效率,克服分配上的平均主义。"还有不少同志反映:"搞责任制虽然在填表、统计、评奖过程中费一些时间,但大家抓紧了工作时间,工作量上去了,这是最主要的成效。"所以,岗位责任制是不能全盘否定的。有人说,岗位责任制来源于20世纪初期的"泰罗制",其实,即使在经济发达的美国,现在不少工厂还在实行"泰罗制"。对图书馆的一些部门和工种来说,岗位责任制还是有效的。

但是,随着经济的发展和图书馆改革的深入,岗位责任制在管理实践中暴露的问题越来越多,主要表现在:一些业务部门工作无法量化,责任难以明确,定额的确定不一定准确和科学;部门之间的工作缺乏整体协调性,工作中协作精神差,愿意选择有利工种,不愿承担公益工作;工作中脑力劳动和体力劳动、复杂劳动和简单劳动的差别难以体现;与岗位责任相对应的考核、赏罚机制难以有效发挥等。这些日益堆积的问题有些是岗位责任制本身的问题,有些是现实条件和管理体制的问题,是岗位责任制难以解决的。实行岗位责任制理想的条件是有一个与工作任务要求相适应的人员编制定额和适应任务需要的有合理结构的工作人员队伍,做到按事设位,按位用人,按人定责。显然,许多图书馆不具备这个条件,在实行岗位责任制时,并没有进行合理的定编和调整人员结构,而是在人事、工资制度没有进行相应改革的状况下,由于前提条件的束缚在原有格局的基础上,在管理方式上的一些变革,必然影响推行岗位责任制的效果。

目前,许多图书馆的岗位责任制实施困难越来越多,管理制度已流于形式,难以发挥应有的作用,管理目标无法达到。吸取经验,探索新的图书馆管理理论和方法,成为当今图书馆管理的重要课题。在这种形势下,进入90年代以来,一些图书馆开始引入目标管理。

三、目标管理

目标管理源自美国企业界,80 年代初开始引入中国,逐渐由企业向社会各方面渗透,而图书馆界进行目标管理还处于尝试阶段,因此从理论到实践必然存在一定程度的落差。一些图书馆进行了目标管理的实践探索,为目标管理在图书馆领域的普及提供了宝贵经验。实践证明,目标管理是适用于图书馆进行科学管理的一种方式,应该在图书馆界推广,为此我们要弄清目标管理的一些基本概念。

(一)目标管理的概念

目标管理的含义应包括六个基本要素:①以重视成果的思想为指导;②主管人员与下属人员共同选定该组织一定时期的共同目标;③将共同目标进行分解,落实到各个部门乃至个人;④根据预期各人将达到的目标,明确各人的责任范围;⑤每个人围绕目标自觉工作、自我控制、自我管理;⑥依据原定目标对达到的成果进行检查和评价。

根据以上六个要素,我们可以将目标管理定义为:目标管理是以重视成果的思想为指导,共同确定一定时期的总目标,通过层层分解、自我控制、自我管理手段来达到目标的一种科学管理方法。

目标管理是重视整体的管理,讲究科学的分工、协作及工作效率,将组织工作总目标划分为不同范围、不同层次而又相互配合、方向一致的目标,并形成一个联系紧密的目标连锁体系。

目标管理是重视人的管理,注意发挥人的主观能动作用,管理者要重视下级的胜任感,重视民主参与。只有让下级参与目标的制定,用他们认可的、感兴趣且富有挑战性的目标去领导下级,才能使之产生责任感,增强工作动机,减少上下级的矛盾,激发向心力。

目标管理是重视成果的管理,在目标体系确定后,上级应将完成其自身目标的权力授与相应的下级,由执行者自己充分发挥主观能动性和工作责任感,用自己的创造精神和创造才能去独立自主地开展工作,上级在工作中予以必要的、适当的指导,最后再根据成果与原定目标来评价下级工作的好坏。

(二)图书馆的目标管理

什么叫"图书馆目标管理"?简言之,即运用目标管理机制来开展图书馆的各项管理活动。具体而言,则包括以下几个活动环节:制定总目标;层层分解目标;制定落实措施,安排人力和物力;实施和控制;效果评定。实行目标管理有利于激发工作人员的积极性与创造性,强化职业道德,增强凝聚力与向心力,促进业务水平和科研能力的提高,有利于员工参与管理,集思广益,保证馆内各项工作全面发展。

1. 制定目标阶段

(1)准备工作。完善而充分的准备工作是有效管理的良好开端。开展目标管理,首先要在职工中做好宣传教育工作,让大家深入领会其内涵,充分认识实施的必要性,以形成一个理解、支持目标管理的坚实的群众基础。

(2)确定馆的目标。馆领导应该在统观全局、综合分析后,首先做出决策,并依次将目标和方针予以明确化,经过民主论证,在进一步听取群众意见、集中广大职工的智慧和经验的基础上,对馆级目标草案进行科学的修订,最后确定馆级目标。

(3)目标分解。目标分解就是各个部门与职工针对馆级目标,根据各部门的具体情况,层层展开讨论,研究实现上级目标的各项问题,落实措施,制定自己的目标。其最终目的,是要实现组织与个人目标的一体化,在方向一致的前提下使馆级目标与各级子目标成为图书馆各部门及全体职工的共同努力方向。

制定目标时应充分考虑的主要问题：

（1）目标难于量化的问题。实施目标管理，尤其是初次制定目标的人，首先会遇到有些目标难以定量的问题，而图书馆由于其工作性质，一些工作难以由工作人员主宰，而取决于读者多寡，不同于企业可以由员工根据产品计件来显示工作成绩，因此目标难于定量化的工种不少。在这种情况下，可对目标规定一个范围和级别。

（2）目标难于具体化的问题。这常出现在以行政工作为主的部门，比如，馆长办公室本年度的目标之一是实行授权，这无法定量，也难以具体化，这时可用达到目标的措施、手段、进度等来使目标尽量具体化。

2. 目标实施阶段

（1）授权管理，自我控制。授权，就是上级把权力授与下级，在授与权力中，不仅包括参加制定目标的权力，更主要的是实现目标所需要的应有权限。

①授权的目的。授权可以减轻上级管理人员的负担，提高图书馆工作效率和管理效果；授权可以培训下级人员，不断提高图书馆人员的素质。

②授权的原则。授权应与目标一致，也就是说目标是授权的依据，授权的范围与程度应依被授权者的目标责任性质与范围来确定，授权应使目标职能明确化。授权应使上下级间责任明确，目标方向一致，指挥命令统一，在总目标的统帅下，每个人只接受一个直接上级的命令。

（2）总体控制，检查反馈。所谓总体控制，就是在目标实施过程中，上级要经常把下级正在实施的目标的状况与原定目标计划加以比较，当发现执行状况与原订目标有偏差，或内外环境发生了很大变化而影响原定目标的实现时，立即从总体上纠正指导、协调平衡。为了进行总体控制,检查反馈是十分重要的,只有通过检查反馈,及时发现问题,才能实行总体控制。在检查过程中,建立起正常的统计管理秩序和规章制度是很有必要的,它可以使检查结果一目了然,并保证检查的持续性。

3.目标评价阶段

(1)目标评价的方法

①评定达到程度。

$$目标达到率 = \frac{实际成绩值}{原订目标值} \times 100\%$$

A.对每项目标,分别规定其数量与质量的标准值及其相对应的得分数。

B.明确每人在各自的目标项目中应承担的任务指标,每月填写图书馆目标考评记录表,自我记录,自我考核。

C.部门每月根据个人的实际记录,再集中作部门自我评定。

D.采取加权法求得数量与质量达标的综合值。由于图书馆工作存在数量与质量制约因素,不能简单相加,而应采用加权法求取合理的综合值。假定有这样两个例子:

	数量达标得分	质量达标得分
A	100	80
B	80	100

如果简单相加,A、B 的综合值都是 90 分,这显然是不科学的,目标管理不能助长只求数量不求质量的倾向。应采用加权法,利用权数内涵关系来制约和调和数量与质量的关系。对上述两例进行加权计算,得到不同的综合值。

序号	数量达标得分	质量达标得分	综合值
权数	1	2	
A	100	80	=86.6
B	80	100	=93.3

$$A \text{ 的综合值} = \frac{100 \times 1 + 80 \times 2}{1 + 2} = 86.6$$

$$B \text{ 的综合值} = \frac{80 \times 1 + 100 \times 2}{1 + 2} = 93.3$$

②评定复杂困难程度。应根据项目的困难复杂程度予以评价,评分示例如下:

级别序号	复杂困难程度评价内容	评分标准
A	项目内容非常复杂、技术难度很高、工作困难大	91—100
B	项目内容复杂、技术难度大、工作有一定的困难	81—90
C	项目内容较复杂、有一定的技术难度	71—80
D	一般	61—70
E	难度小	51—60

③评定努力程度。根据项目负责人努力程度给予评价,评分示例如下:

级别序号	努力程度评价内容	评分标准
A	充分发挥主观能动性,克服了职责范围内难以克服的困难,并提前完成了任务,工作效率高。	91—100
B	发挥了主观能动性,克服了职责范围内的各种困难,按时完成任务,工作效率高。	81—90
C	能够发挥主观能动性,通过努力基本上解决了工作中的困难,能按时完成任务,工作效率较高。	71—80
D	能发挥主观能动性,努力情况一般,靠他人帮助按时完成了任务。	61—70
E	工作按部就班,努力不够。	51—60

④规定三个评定要素的比重权数。在目标评价中,达到程度、复杂困难程度、努力程度是三个主要的因素,目标评定值应是这三个因素的综合值,根据这三要素的主、客观地位,其评定比重权数一般可为5:3:2。但因目标层次、级别的不同,比重也应随之改

变。一般说,目标层次越高(如馆目标),目标达到程度所占比重应越大,则三要素的比重可为6∶2∶2,或7∶2∶1。总之,应根据实际情况调整其比重权数。目标综合评价加权法举例如下(沿用前例):

假定:A、B两个目标项目得分

达到程度:A＝86.6%(即86.6分)

　　　　　B＝93.3%(即93.3分)

复杂困难程度:A为B级,评分为90分

　　　　　　　B为C级,评分为80分

努力程度:　　A为C级,评分为80分

　　　　　　　B为B级,评分为90分

三要素的比重权数为5∶3∶2。则如下图所示:

序号	达到程度	复杂困难程度	努力程度	综合评价得分
权数	5	3	2	
A	86.6	90	80	＝86.3
B	93.3	80	90	＝88.65

A 的目标项目综合评价得分 $= \dfrac{86.6 \times 5 + 90 \times 3 + 80 \times 2}{5 + 3 + 2}$

$\qquad\qquad\qquad\qquad\quad = 86.3$

B 的目标项目综合评价得分 $= \dfrac{93.3 \times 5 + 80 \times 3 + 90 \times 2}{5 + 3 + 2}$

$\qquad\qquad\qquad\qquad\quad = 88.65$

⑤修正值。在目标评价的因素指标体系中,除了前述三要素,还有修正值的概念。这是基于在目标实施过程中可能出现种种变化情况,因而在目标评价中需要酌情妥善处理的考虑。修正值通常以在三个基本要素的初步评分基础上 ±20% 为宜。其中,"＋"号是在出现不利条件,虽经本人努力也难以排除,而使目标达到程度下降的情况下采用;"－"号是在出于某些原因,客观条件出乎

预料地发生好转,而使目标达到程度提高的情况下采用。

（2）目标评价的步骤

一般为自我评价,上级考评小组检查,个别协商、集体评议、最终评定三个阶段。

（三）图书馆目标管理的特点

1. 目的性。目标管理由于其管理活动全过程中对目标的重视,而形成了优于图书馆传统管理的第一特点——目的性。

2. 自觉性。每个员工在制定部门和自己的工作目标时都有发言权,并且提倡每个人研究自己业务范围的各个环节,鼓励员工提出自己的工作重点,把目标订得切实而先进,向自己潜在的能力挑战。这样,员工就有了极大的自主权,从而也就会引出极大的自觉性。

3. 整体性。图书馆实现目标的责任是要由每个人来承担的,每个员工不能只强调个人的工作,只注意完成自己的任务,还应该以部门的努力目标作为自己对图书馆的贡献目标。这样,就形成了图书馆目标管理的整体性特点。这一特点令全馆上下方向一致,集体观念和向心力都得到极大增强。

4. 阶段性。目标管理强调将长远目标分成几个阶段目标,不仅使完成目标的思路清晰,并为行动提供了可靠的路线,而且由于各阶段都要定期检查,可以及时发现目标实施环境、条件的变化,并对以后的目标及实施计划作出相应的变动,因此使管理表现出一定的灵活性。

（四）图书馆目标管理的职能

1. 计划

目标管理一方面强调计划的目的性,强调制订的目标应使全馆上下都知道这一阶段是为什么而干。另一方面,它强调目标制定的全员参与,在馆领导提出目标草案后,在全馆展开民主讨论,集中各方面意见,对草案进行增删补改。由于基层人员的实践经验丰富,对问题看得清、想得明,而且全馆上下各个环节的人都参与,使得考虑问题时能做到较为全面。

2. 组织

目标管理认为每个人只应有一个上级,每一上层的管理者只负责对其直接下一级员工的领导,避免了多头领导带来的牵制、推诿。因此,整个图书馆管理层次清晰,管理幅度合理,机构紧凑,人尽其才,组织功能运转趋向正常。

3. 用人

在调动人的积极性方面,目标管理不仅注重公正评价、合理任用的作用,而且强调对员工除了物质激励外,最重要的是满足其精神需要,并用目标考评、参与、授权等方式来给予员工成就、信任、荣誉、责任等精神需要,最大限度地调动人的积极性、主动性、创造性。在人才资源开发、培养上,目标管理鼓励不拘一格大胆起用人才,促进了人才合理流动;并通过授权、自我管理完成目标等手段,为员工创造出一个能自由而舒畅地发挥其才能的条件和环境,让员工在自我管理中充分挖掘自己的潜力,自觉加强业务认识,增进业务水平,提高解决问题的能力,从而将在职培训扩大到图书馆的每个人,为全面提高图书馆员工素质创出一条道路。

4. 领导

目标管理赋予了领导一个崭新的观念,目标管理下的领导和群众的关系是互相信任的。上级不必事必躬亲,而只要进行宏观的控制,放手下放权限,各负其责,属于下属职责内的事,由下属自行处理,馆长等中上层管理人员主要抓大事。

5. 控制

基于信任员工的思想基础,馆里除了制定一些必要的规章制度外,仅以所订的目标作为衡量员工工作的标准。这种全员参与控制、随时进行控制的方式,不仅灵活,而且及时有效,使控制职能能实实在在地真正发挥作用。

6. 创新

目标管理下的领导从琐碎事务中解脱出来以后,抓大事、抓宏观调控,能抽出更多的时间和精力来研究新的工作方法以提高图书馆的管理效果。各级员工也由于被授权自我管理,可以充分发挥自己的潜力,创造性地完成自己的目标。并且,图书馆目标管理是循环往复的,一个目标实现了,就必须制定下一个目标,而下一阶段的目标应该是建立在上一阶段目标的基础上并有所提高的。因此,图书馆的各级活动总是处于创新的可能性中,而全馆也总是在朝着更高更新的目标迈进。

(五)目标管理实践中应注意的问题

根据目标管理的原理和方法以及我国图书馆管理的实际情况,在实施目标管理的过程中,领导应注意下列问题:

1. 管理观念的变革

我国图书馆长期以来实行的是行政命令式的管理,上下级之间是命令与执行的关系,职工的民主参与意识不强。目标管理是民主、参与型的管理,它运用参与和授权及自我控制等理论,发动全体人员参与制定、实施、评价目标的全过程,它尊重个人意愿,重视上下级的协商和交流,注意增强职工的责任感,实行员工的自我管理。这与传统的管理方式在理论和实践中都完全不同,没有管理观念的变革,就谈不上目标管理。

2. 员工素质的提高

目标管理是自觉型的自我管理,它以激励为基础,引进竞争机制,激发人们超越现状,主动将个人目标与组织目标有机地结合起来,不断创新,以追求更高的目标。这种管理制度对员工的素质提出很高的要求。如果员工素质不高,工作责任心不强,自觉性不够,目标管理的效果就难以达到。因此,目标管理过程中应重视员工素质的不断提高。图书馆应通过各种激励机制,促使员工提高自身的业务素质和职业道德,培养员工的自觉性、成就感以使目标更加先进和科学。

3. 重视全员的参与

全员参与是目标管理的基本要求。图书馆的岗位工作复杂多样,各种劳动之间有其不可比拟性,许多岗位目标、指标难以具体和定量。如果目标管理缺乏全员参与,没有透明度和公开性,目标的制定会没有科学合理的保障,目标的评价也难以保证客观、公正。参与意识不强是中国被管理者的积弊,图书馆领导应培养职工的参与意识,重视下级的意见和建议,引导职工积极参与目标管理,创造适宜于目标管理的、互相尊重和信任的工作环境。

4. 重视目标的评价和奖惩

目标评价和奖惩是目标管理的最后阶段。目标实施活动按计划完成以后,应及时对实际取得的成果进行评价,把实现的结果同原来制定的目标比较,做得好的,应肯定成绩,予以各种形式的奖励;做得不好的,应进行不同程度的惩罚,并找出原因,进行分析,以便使将来的目标制订得更加先进、合理。目标管理是一种自觉型的管理,如果没有严格的目标评价和相应的奖惩,员工的自觉性、积极性的发挥就没有保障,如果吃"大锅饭",放任自流,目标管理就会变得没有意义。对于奖惩,一定要与员工的成果相匹配,做到客观、公正,否则目标管理不能贯彻始终,会引起群众的不满,挫伤群众的积极性,削弱目标管理的效果。

(六)目标管理和岗位责任制

1. 目标管理比岗位责任制更适合于图书馆的工作性质

岗位责任制要求对每个人的工作岗位规定定额指标进行考核和奖惩,每小时、每天、每个月都有量化的任务。对于流水线上的工人来说,由于流水线单位时间内的产出比较明确,手工重复劳动的产品质量容易把握,这种定额考核显然比较科学合理。图书馆工作是脑体结合的复杂劳动,工作目标难以准确地量化出来。虽然图书馆一定时期的任务是可以明确的,但多种工种是难以量化的。而且具体工作的缓急、内容和要求则是变化的,这种变化在岗位责任制中无法反映出来。对脑力劳动者来说,人的知识、经验、态度不同,工作效率和质量会大不一样。同样的岗位,不同学识的人来做,定额会出现很大的偏差,这也是岗位责任制难以考虑周到的。即使易于定量的图书分类编目工作,因图书的内容不同、层次深浅不同、加工图书主题揭示的程度不同、业务人员的水平不同,每道工序所需的劳动时间就不相同,如果不考虑到这种复杂工作的弹性,硬性规定每小时、每天的定额,就会经常出现或超额或完不成任务的现象,给管理控制带来困难。如果一味注重数量上的平衡而放松对质量的管理,就会出现敷衍了事、错误不断的结果。目标管理通过全员参与目标的制定和实施过程,让员工自觉地围绕目标开展工作,既有明确性,又有灵活性,适合于弹性较大的工作计划的安排。对图书馆工作而言,目标管理让员工在了解总目标和部门分目标的前提下,依据自己的工作性质和要求,灵活、自主地安排工作,不必每天忙于应付那些事务性的定额指标。领导也只在下级工作完成以后,才对照目标检查结果,完全不必对每道工序都进行监督和干涉。

2. 目标管理更能保障图书馆目标的整体性

管理的总目标必须通过各部门子目标的综合、协调才能实现。岗位责任制预先明确规定了各部门、岗位的任务,各部门和人员只依据上级下达的任务做自己份内的工作,不知自己工作在全馆计划和目标中的地位和作用,对涉及全馆利益的协调工作,缺乏热情。一旦出现岗位责任中没有明确而又需要各部门配合的工作任务,就会出现各部门和个人互相推诿,或讲条件、要奖励的现象,妨碍工作进程。这样,虽然人人和部门的责任都完成了,因为各部门之间缺乏总体协调,整体效果并不好。实行目标管理,就会大不相同。整体性是目标管理的特点之一,图书馆是一个有总目标的整体,而总目标又一层层分解为各部门、科室、个人的子目标,各级子目标之间的衔接和协作,也在目标制定和分解的过程中早已考虑好,并作为目标实施的一项具体要求。图书馆总目标与各级子目标形成一个纵横交错、不可分割的目标体系。全馆上下为子目标而努力的过程也是总目标逐步实现的过程,这就有力地保障了图书馆目标的整体性。

3. 目标管理能充分发挥人的自觉性和创造性

岗位责任制体现的是一种自上而下的命令式的管理模式。员工干什么、干多少和怎么干,都有明确的规定,基层人员只是被动地接受上级的指示和监督,按要求完成岗位任务,一些合理的意见和建议常常被忽视,工作没有主动性和创造性可言。目标管理用目标激励群众,以目标表达图书馆对每个部门、员工的期望。目标的制定不是由领导布置和强制,而是领导和群众互相协商,依据总目标和个人的能力与特长来制定基层子目标。每位员工在目标制定过程中有重要的发言权,并通过授权,让员工有极大的自主权。由于有互相尊重、互相信任的良好工作环境,加上员工对自己业务工作有较深的了解,对工作的各种变化因素把握更准,在发挥了工作的自觉性、创造性,向自己的潜能挑战的过程中,工作人员的工作往往完成得比上级要求的更好。

4. 目标管理能更好地促进员工业务素质的提高

在岗位责任制的管理机制中,员工的目标主要是完成数量上的工作定额,工作的质量如何,对考评的影响不大,员工缺乏提高业务能力的促动力,不利于图书馆整体业务素质的提高,从而影响工作效率和效益的更好发挥。目标管理所制定的目标,是先进而高标准的,要求工作人员充分发挥自己各方面的才能。制定目标时,除与总目标配合的职务目标外,业务水平和技能的提高也是目标要求的一个内容。重成果、重绩效的目标评价方式,对员工的工作质量、业务素质也提出了较高的要求,这对员工是一种极大的激励和促进作用,员工在完成目标的同时,会设法研究业务工作的各个方面,不断充实和提高自己的业务水平,以便达到自我发展、自我实现的目标,把工作做得更好。以图书馆的参考咨询工作为例,如果仅规定工作人员每天、每月应解答多少个用户咨询,而不对咨询课题的深度、广度作具体要求,这是很容易办到的,但如果咨询人员的业务能力不强、责任心不够,仅满足于被动的、表层的问答式服务,虽然能完成岗位定额任务,工作的经济效果、社会效益却很难令人满意。实行目标管理,以咨询的用户满意程度及其效益作为目标评价的标准,对咨询人员就是一个较大的促动。他们必须围绕工作目标,不断充实自己的业务知识,积极主动地提供咨询服务,才能完成目标任务。

5. 目标管理有利于图书馆领导提高管理艺术

岗位责任制使图书馆权力高度集中,图书馆领导事无巨细,均要过问,整天忙于对工作的安排、监督和检查。这种管束式的管理,一方面造成领导和群众缺乏信任,关系紧张;另一方面使领导忙于应付日常事务,而少有时间和精力研究管理深层次的问题。目标管理是一种开拓型、民主型的科学管理方式,它对管理者和被管理者都提出了较高的要求。管理者不能仅凭职权发号施令,而应致力于研究管理的艺术,提高管理水平。目标管理通过授权,实现员工的自我管理,从而把图书馆领导从日常的琐碎事务中解脱出来,领导主要抓目标的制定、修正,馆际各部门的协调,对目标的评价,信息反馈后的决策与控制等,进行宏观管理,而不必面面俱到,这客观上为管理水平的提高创造了条件,有利于图书馆管理效果的发挥。

通过以上的对比分析可以看到,目标管理是比岗位责任制更适合于图书馆现代管理的科学管理论和方法。一些实行目标管理的图书馆的实践也证明了这一点。实行目标管理,并不是对岗位责任制的彻底否定和抛弃。目标管理过程的各个环节,如目标岗位的设立、子目标要求的具体和量化、目标的考评、目标管理规章制度的制订等,都应该参考和借鉴岗位责任制的做法。吸取岗位责任制的经验教训,保留其中的科学成分,将使图书馆的目标管理更加完善。

实行目标管理,将给图书馆管理注入生机和活力,但并不能使图书馆管理中的一切问题迎刃而解。任何管理理论都有一个与实践相协调、适应的过程,只有不断地实践,结合各图书馆的特点和实际,对管理理论加以创造性的利用,在实践中发现问题和解决问题,才能使图书馆管理理论和管理水平上升到更高的层次。我们期待目标管理在我国图书馆管理中得到普遍采用,使图书馆管理更加科学、完善,从而推动图书馆事业的健康发展。

四、案例分析

北京图书馆十年奋斗目标

(1986—1995 年)

北京图书馆新馆工程是建国以来最大的文化建设项目。它的建成与开馆,社会各界都十分关注。热切期望拥有丰富馆藏的北京图书馆,早日成为现代化的国家图书馆,在社会主义物质和精神文明的建设中发挥更大作用。去年 4 月,万里同志在审批我馆新馆工程概算时指出:"中国应该有一个世界第一流的图书馆。"我们认为,这不但是新馆建筑工程的指针,而且应当视为我馆全面建设的奋斗目标。根据新馆的条件和近几年来通过改革取得的成果来看,我们预计,可以在90年代中期,把北京图书馆建成全面履行国家图书馆职能的社会主义的现代化国家图书馆。我们准备分为三个阶段,实现上述目标。

第一阶段(1986—1988年)

这一阶段是为实现总目标打基础的关键时期。中心任务是作好向新馆搬迁工作,保证于1987年10月初新馆能陆续开馆。1988年底完成全部搬迁任务。具体目标是:建设新馆,完成搬迁,全面开馆。

1.新馆工程以全优标准按时竣工交付使用,除大型计算机外,各项设备均能及时安装完毕,正常运转;各种家具置备齐全,质量优良;环境布置整洁、美观、适用。

2.搬迁工作计划周详严密,做到进度快、效率高、不丢不乱;最大限度地降低对读者服务工作和内部各项工作的不利影响;进入新馆后尽快建立正常秩序。

3.1987年10月新馆先开放12个阅览室和1个中文外借书库,1988年初(除善本特藏外)搬完全部藏书,并开放全部阅览室,新馆开馆后的管理工作和读者服务工作都应初步具有现代化图书馆的特色。

4.通过改革、制订和完善各项业务工作规范和工作质量标准,全面修订行政管理规章制度,全馆工作质量和效率都应有显著提高。

5.自动化试点工作取得初步成果,试行机编《中国国家书目》,开始发行中文机读目录。

6.各项后勤工作都能达到标准,保证各种机电设备正常运转,各种供应及时,职工生活有一定改善。

7.全馆管理工作在科学化上达到一定水平,做到各项工作井然有序;各部门之间动作协调,整体效益较高;全馆指挥有力,令行禁止。

8.树立起良好馆风,主要内容是优质、高效、团结、文明;工作中事事讲质量、效率;同志关系上时时讲团结、和谐;思想上人人讲道德、理想;行为上处处讲文明、礼貌。

达到以上八项具体目标,对全体员工进行以提高文明素质和工作质量为中心内容的软性教育是一个关键环节。这项工作现在已经着手进行,要在迁入新馆前进行"练兵",并初步达到所要求的水平。

第二阶段(1989—1990年)

本阶段的中心任务是在新馆和文津街分馆全面开馆的基础上充实提高,电子计算机系统调试后开始运转,全馆主要工作开始自动化管理。具体目标是:

1.全馆业务工作和行政管理工作全部达到馆订规范的要求,各项服务工作的效率和质量都达到先进水平。

2.在完成大型电子计算机的安装调试基础上,开始建立中西文书目数据库,为全国图书情报部门和读者提供不同载体的馆藏目录和联合目录数据。在开发微机的基础上,开始实现人事、统计、财务、文书自动化管理。

3.深入开展文献研究和参考咨询服务工作,为党、政、军、群领导机关和社会各界提供高质量的定题文献情报服务。

4.有计划地培训馆员,建立一支适应国家图书馆要求,多学科、多层次,知识结构合理的专业干部和党政干部队伍。

5.加强图书馆学和图书保护技术的研究,进一步作好为全国图书馆服务的工作,创造条件,建立图书馆学研究所和图书保护技术研究所。

6.进一步加强国际图书馆界之间的联系,扩大书刊交换和互借范围,逐步增加国家图书馆交换馆员的数量。

第三阶段(1991—1995年)

本阶段的硬性任务是完成电子计算机的中文、西文、日文、俄文联机采访、编目、检索系统，分期交付使用，全馆工作在不断充实提高的基础上，开始全面履行国家图书馆职能。至此，可以视为本馆的现代化基本实现。以后的任务是在这个水平上完善、提高和逐步建立地区性以至全国性的书目联机网络的问题。

在现有水平上在不足十年的时间内达到上述目标，任务十分艰巨，但是应该努力完成，否则本馆和发达国家图书馆的差距将进一步加大，也难于在"四化"建设中发挥出较大作用。

案例分析：这个奋斗目标是在新馆即将建成的背景下提出的。北京图书馆作为中国国家图书馆拥有丰富的馆藏，但书刊资料分散数处存放，不仅读者使用不便，而且保管条件极差。馆舍拥挤、设备陈旧、资金短缺和人员不足致使北京图书馆难以更好地履行国家图书馆的职能，而扩建馆舍又是解决问题的关键。60年代曾计划在景山东街筹建新馆，但未能实现。到了70年代，实在难以维持，考虑在原地扩建。1973年10月，周恩来总理看了原地扩建计划后说：只盖一栋房子不能一劳永逸。这个地方就不动了，保存原样，不如到城外另找地方盖，可以一劳永逸。遵照周总理的指示，进行选地和制定方案的工作。1975年3月经周总理批准紫竹院旁建新馆，规模为藏书2000万册，3000个读者座位，建筑面积16万平方米（其中宿舍面积为2万平方米）。投资原为7800万元，后确定为2亿3千万元，最后为2亿9千万元。当时正处于"文化大革命"期间，由于运动的冲击，加上地震等多种因素，直到1983年9月23日才举行奠基典礼，11月28日正式施工，1987年7月竣工。

新馆的建成标志着北京图书馆一次历史性的转折，它给人们一种希望。馆领导清醒地意识到，建设新馆是艰巨的，而管理一个现代化的国家图书馆更艰巨。我们不能设想，一个现代化的、具有一流管理和服务水平的国家图书馆会梦幻般在一夜之间成为现实，必须进行大量的工作。适时地提出奋斗目标能为大家指明方向,形成一种使命感和凝聚力。这个目标的核心,就是要把北京图书馆建成全面履行国家图书馆职能的社会主义的现代化国家图书馆,这个目标总揽全局,抓住了重点。十年目标又分为三个阶段,每个阶段都有具体内容,既有激励性又有可衡性,这样一来,在思想上有了统一认识的基础,在行动上也有了依据与准绳,加上新馆建设提供了良好的条件,实现目标是可行的。新馆建设对全体职工是一个极大的鼓舞,大家觉得在北图的转折时期,能贡献自己的力量,是自己一生中难得的机会,有一种历史使命感和光荣责任感,这个目标符合大家的愿望。这样,组织的目标与个人的目标融为一体,形成一种群体意识,上上下下为达到既定目标而努力奋斗。

第四章　计划论

一、计划的作用

计划是人们通过预测,对未来的活动所确定的方案。计划是管理的基本职能,决定如何做、何时做和由谁做等具体问题。计划要回答 6 个 W 的问题。即 What, 做什么? Why, 为什么做? When, 何时做? Who, 谁去做? Where, 何处做? How, 怎样做? 所以计划是目标和决策的具体落实和实施。计划的作用表现在以下几个方面。

(一)指向作用

任何计划都是为了实现某一目标,在目标确定后,告诉人们做什么,什么时间做,谁去做和怎样做,计划使目标更明确和具体。如果没有计划,实现目标的行动将会成为一堆杂乱无章的活动。计划就是要围绕目标,根据条件设计一个具体的、协调的结构,成为行动的准则,通向目标的具体途径。计划向人们指明方向,鼓舞人们为实现目标而努力奋斗。

(二)组织作用

计划是组织和动员群众的纲领。在现代社会里,任何一项任务的实现,都是有组织的复杂的活动,各个部门之间、各个环节之间都要紧密协作,才能保证任务的完成,而计划则是大家共同遵守的标准和组织实施的依据。

(三)控制作用

计划为控制提供标准,管理就是一个控制过程,控制本身就意味着通过纠正脱离计划的偏差,保持既定的方向和进度。没有计划,任何控制活动都会毫无意义,未经计划的活动是难以控制的,有了计划,管理工作的目标、指标、措施、时间要求就都明确了。

二、计划的类型

按不同的标准划分为不同的类型,一般说来有以下几种:

1.长期计划:一般指五年以上的计划,又叫远景规划,它是确定方向的战略计划,它是中期和短期计划的一个指导纲领,它的作用在于提出奋斗目标,激励群众的积极性,推动事业的发展。内容包括:全馆总体发展方向和规模藏书,人员经费、设备发展的主要指标。

2.中期计划:一般指三年至五年的计划,是对长期计划分阶段的安排。

3.年度计划:中期计划的具体落实,是必不可少的计划。

4.短期计划:一般以年度计划为依据,将年度计划分季分月的落实和安排。

5.单项计划:根据某一任务所制定的计划。

三、计划的制定

计划的制定要建立在一定条件的基础上,它包括外部条件,也包括内部条件。所谓外部条件,就是社会政治、经济的形势,上级主管部门的要求和态度,兄弟单位的状况等。内部条件则包括实施计划应具备的人、财、物等方面的条件。对上述条件的数量与质量进行定性与定量的分析,对不确定性要有科学的预测,做到心中有数。

(一)制定计划的原则

1.统筹原则

在制定计划时一定要全面考虑计划对象这个系统中,所有构成部分及其相互关系,按照它们的必然联系,统一筹划,不能顾此失彼,要使内部结构有序和合理,与外部协调。

2.重点原则

制定计划时要分清主次轻重,抓住重点,着重解决影响全局的关键问题。当然,先决条件是抓准重点。

3.连锁原则

在计划对象范围内,各种因素之间与其他相关系统之间是相互关连、互为因果的。一种因素的变化会引起其他因素的连锁反应,这种反应一般是复杂的、多向的、多变量的。制定计划时,如果不考虑这些因素,计划难以符合实际。

4.发展原则

计划是安排未来的,无论是长期计划或短期计划,都是尚未实现的方案,所以在制定计划时,一定要有远见,预见未来的发展。任何计划都不能"一劳永逸",要留有余地,以便根据情况的变化和认识的发展作必要的调整。

（二）制定计划的方法

1. 现状调查法

这是制定计划的重要前提基础和出发点。调查所得的情况必须真实、具体、系统和全面，并尽可能表现为精确的数据。对调查所得材料进行认真分析研究，以达到对现状有一个综合的、本质的了解。

2. 历史比较法

它的作用在于总结经验教训，掌握客观规律，用以指导现在与未来。

3. 未来预测法

计划要立足于现实，它的实施要有一个过程。按照对象的客观规律，预测其发展的趋势和可能出现的情况，是制定计划的一个重要依据，但预测毕竟只是基本趋势和大致轮廓，而不是具体的细节，应该留有余地。

4. 整体综合法

在系统分析的基础上进行系统的综合，确定指标和措施，使其有理有据，前后一贯，左右平衡，结构完整。

5. 优选决策法

对于计划的确定，可能有多种不同的方案或意见，从不同的方案中进行优选，优选的过程，就是从比较到决断的过程。

（三）制定计划的步骤

制定计划的步骤一般是：①提出设想，调查研究；②明确目标，确定方案；③分解计划，下达任务；④实施检查，评价绩效。

美国管理学家戴明（W. E. Deming）提出 PDCA 循环法，即：

Plan（计划）　Do（行动）　Check（检查）　Action（总结，处

理)

其指导思想是:任何一个工作首先应有一个计划,然后按计划要求执行,检查和总结,并通过循环进一步提高。其内容是四个阶段,八个步骤:

阶段	步骤	基本内容
P	第一步	提出问题,调查、研究、分析和预测,确定计划目标
	第二步	提出方案,决策选优
	第三步	编制计划,下达任务
D	第四步	计划指标层层分解,落实任务
C	第五步	检查任务完成情况,评价工作绩效
	第六步	找出存在问题,查明原因
A	第七步	针对存在问题,提出解决办法,总结经验教训
	第八步	对未能解决的问题,纳入下一个 PDCA 循环之中解决

四、计划的实施

制定计划的目的在于实施,只有通过实施,计划才能由精神变物质,变为推动图书馆工作,促进事业发展的力量。

从理论上说,每个图书馆的管理者都会认为计划是必要的,有用的,许多图书馆每年都制定计划。但实际上,不少馆只把它当作向上级和群众交差的例行公事,加上"计划赶不上变化,变化不如领导人一句话"现象的存在,计划缺乏应有的严肃性,对实现计划的可能性失去信心,致使计划订好后束之高阁,变成一纸空文,这是一种不正常的现象,管理者的责任应保证计划的实施,促使目标的实现。

首先要落实计划。包括思想上落实,使职工明确本计划的意义和内容,动员职工去努力完成计划。组织上落实,在分解计划的基础上,将任务落实到各个机构直至个人,对非常规性的工作计划,应成立相应的组织,明确职、责、权、利。还有方法措施落实和后勤保障落实。

其次是计划执行的监督检查。一切活动是否在实现计划目标?实现的作法步骤是否符合计划要求?完成各项计划指标的进度如何?有无违反政策、规则的现象?通过建立计划执行的记录、表报制度和实地考察,进行上下结合的定期检查。

再次是抓好计划执行的总结。包括阶段小结、期中和期末总结,内容是评价执行结果,肯定成绩,寻找差距,总结经验教训,明确今后方向。

五、案例分析

笔者从 1973 年担任北京图书馆副馆长以后,曾与大家一道制定和实施了若干不同类型的计划,由于各种原因的影响,有些是流于形式,有些是虎头蛇尾,有些是成功的,现举二例。

案例一:北京图书馆工作计划
(1986 – 1987 年)

本馆近几年内的基本目标,就是为建成全面履行国家图书馆职能的社会主义的现代化国家图书馆打下基础,1986 年、1987 年是本馆工作至为关键的两个年头。新馆工程定于 1987 年 7 月 1 日交付使用,9 月 1 日要举行新馆落成典礼,届时将有 12 个阅览室正式对外开放,约 130 万册书刊要在新馆开始流通,其中 30 万册中文外借书库要争取实行自动化管理,大部分业务部门和各职能部门要迁入新馆。1987 年底,最迟到 1988 年第一季度末,除善本部与善本库外,其它应迁往新馆的部门均应搬迁完毕。总目录厅、大书库、各综合阅览室、研究室等将陆续正式开放。这将标志本馆现代化建设步入一个新的阶段,全馆各项工作都要有一个崭新的面貌。今明两年,我们整个工作的部署与具体安排必须服从于这样一个总时间表和基本目标。因此,从现在起我们工作的重心要从老馆逐步移向新馆的开馆准备工作和搬迁组织工作上来。就是说,第一,有关的各级领导干部,在做好当前各项工作的同时,要立即进入新馆开馆筹备工作的"角色",制订各项筹备工作的具体实施计划,一项项加以落实。第二,凡与筹备工作发生矛盾而又可以缓办的常规工作,一定要为筹备工作让路,但不属于这类情况的常规工作仍要抓紧进行。防止因"重心转移"而产生松懈现象。第三,全馆每一位同志都要把迁入新馆前的这一年多时间视为"练兵时期",从现在起,举凡工作质量、工作效率、思想作风、行为举止等等,都要按照"有一个崭新的面貌"要求从事,不懂的知识和技能要学,不适宜的观念、作风等等要转变。

为使我们的各项工作做到有条不紊与高效优质,必须确定明年的具体目标和达到这些目标的途径和措施。具体目标是:

一、新馆工程以全优标准按时交付使用,除大型电子计算机外,各项设备均能及时安装与正常运转;各种家具置备齐全,质量优良;环境布置美观适用。

二、搬迁工作计划周详,安排合理,组织严密,指挥有力,做到进度快,效率高,不丢不乱,最大限度地降低对读者服务工作与内部各项工作所产生的不利影响,进入新馆后尽快建立正常的工作秩序。

三、进入新馆后的读者工作,首先是第一批开放的 12 个阅览室、中文外借书库,要在服务质量与管理水平上较之老馆有显著的提高,并开始具有现代化图书馆服务的特色。其主要标志是:

1. 开架书刊的范围扩大,比重提高。

2. 微型计算机、检索终端、传送装置、复制设备及声像资料等现代化设备投入使用与服务。

3. 目录组织科学,各种导引标志齐备易识,对读者的辅导、咨询工作主动有效。

4. 工作人员的文明礼貌与业务素质有明显的进步。

5. 读者入馆手续较为简便,生活服务(包括衣物保存、休息、饮水、用餐等)设施齐全,安排有序,安全卫生。

四、各项日常业务工作的规范化、标准化水平,质量与效率进一步提高,中、西文统编卡片周期缩短,质量合乎规范。

五、自动化工作取得初步成果,中文机读目录开始正式发行。

六、各项后勤工作达到规定标准,有效保障各项工作需要,大力改善职工生活。

七、全馆管理工作在科学化上要达到一个新的水平,做到各项工作井然有序;各部门之间动作协调,整体效益较高;全馆指挥有力,令行禁止。

八、树立起良好的馆风,其主要内容是优质、高效、团结、文明。工作上事事讲质量、效能;同志关系上时时讲团结、和谐;思想上人人讲道德、理想;行为上处处讲文明、礼貌。这些要在全体职工中蔚然成风。

达到上述目标与要求的根本途径,是继续推进以岗位责任制为中心的管理改革,同时需要强有力的思想政治工作予以保证。从管理改革来说,可以概括为六句话,即理顺关系,狠抓质量,完善制度,加强培训,严格管理,延选人才,并对六个方面的涵义及要解决的问题作了详细的解释。

计划的最后部分提出:今明两年的任务是十分繁重的、复杂的。全馆职工与各级干部应振作精神,团结奋斗,不计报酬与个人得失,努力为建设现代化的中国国家图书馆贡献力量,以出色的成绩迎接党的十三次代表大会的召开。

该计划有一个附表,将全馆工作分为 9 个方面:①新馆工程;②新馆业务筹备与搬迁工作;③日常业务工作;④自动化工作;⑤人事工作;⑥财务工作;⑦外事工作;⑧安全保卫工作;⑨行政后勤工作。共计 81 个项目,158 个子项,并明确内容与要求、完成时间和项目负责人。

案例分析:这个计划是十年奋斗目标第一阶段工作的具体落实,抓住了"要把工作的重心,逐步移向新馆的开馆准备工作和搬迁组织工作上来"这个影响全局的重点,强调这个时期是迁入新馆前的"练习时期",提出的 8 项目标具体,为全馆员工指明了方向,各项工作分工明确,职责落实,要求具体,便于检查与控制,这样使大家明确做什么,怎样做,通过计划把大家组织起来心往一处想,劲往一处使,形成强大的凝聚力,努力去实现目标。

执行的结果是成功的,圆满完成了计划所提出的任务,这是集体智慧和力量的凯歌,那些激动人心的日日夜夜,是北京图书馆历史上光辉的一页,是永远值得怀念的。

案例二:北京图书馆搬迁计划

一、计划的制定

北京图书馆新馆建设,举世瞩目,对北京图书馆来说,也是一次历史性的转折,它标志着北京图书馆向现代图书馆的过渡。但新馆的建成只是提供了物质条件,要把北京图书馆建设成现代化的国家图书馆是长期而艰巨的任务,搬迁则是北京图书馆全体工作人员首先面临的一次严峻考验。

1. 数量大。北京图书馆早有"书城"之称,仅藏书达 1400 万册,还有卡片、家具等。除搬迁外,还要安装书架,仅书库需安装书架 20000 个,此外,需整理卡片目录,筹备阅览室等大量工作要做。

2. 要求高。北京图书馆作为国家图书馆,是国家总书库,珍藏我国宝贵的文化遗产,图书馆的馆藏和目录是有序组织的,这是几代人心血的结晶,如果在这次搬迁过程中搞乱、损坏或者丢失,则成为历史的罪人。

3.距离长。北京图书馆的藏书分散在文津街、柏林寺、北海公园、西四等处,距紫竹院旁新馆10—20公里,而且要通过北京的闹市区。

4.条件差。搬迁过程中,新馆土建工程没有全部完工,是在不完全具备搬迁条件的情况下搬迁的,而且正值高温多雨季节,给搬迁工作造成很大的困难。

5.时间紧。根据中央领导同志的要求,1987年10月必须开馆接待读者,而新馆书库直到6月初才能交付我们使用,读者活动场所就更晚了,加上读者对北京图书馆书刊资料的需求迫切,因此,必须尽量缩短闭馆时间,以免造成不好的社会影响。

总之,这样大规模、长距离的搬迁,在中国图书馆事业史上还是第一次,在世界图书馆界也不多见。

为了进行搬迁,成立了一个专门小组起草搬迁计划,他们对搬迁工作量、运输路线和工具、人员配备、包装物品等作了深入细致的调查,与各部门反复磋商,并吸收了国内外图书馆搬迁工作的经验,提出了"搬迁计划讨论稿",在全馆征求意见,经过多次讨论,反复修改,最后由馆长办公会议决定颁布执行。这个计划包括制订搬迁计划的原则,搬迁工作量,搬迁的组织,搬迁方法,搬迁进度,家具和设备的安装等几部分,附有搬迁进度表、书刊资料停止借阅时间表和搬迁顺序表。

这次搬迁工作总的要求是"不丢不乱,不损不毁,优质高效,文明搬迁"。

为了达到总的要求,搬迁指挥部制定了五个文件:《北京图书馆搬迁工作守则》、《北京图书馆搬迁过程中安全防范的若干规定》、《北京图书馆搬迁过程中馆容管理暂行办法》、《北京图书馆搬迁工作中关于奖惩及劳保待遇的若干规定》《北京图书馆新馆家具发放办法》。经馆长办公会议通过后,要求全馆遵照执行。

组织这样大规模的搬迁,是一个复杂的系统工程,必须有严密的组织系统,有一个坚强的指挥机构。为此,设立了搬迁指挥部。指挥部下设五个组,其职责分别是:

1. 调度组

(1)按照搬迁方案负责人员的配备、经费支出和车辆调度工作。

(2)根据搬迁工作的实际情况制定有关规章制度,修改搬迁计划。

(3)负责搬迁进度的统计、简报工作。

(4)履行指挥部办公室职能,主持召开搬迁工作联席会议。

2. 总务组

(1)负责搬迁工作的设备购置及物资供应。

(2)负责搬迁工作人员伙食、医疗等后勤服务工作。

(3)主管老馆剩余物资的收集和储存。

3. 保卫组

(1)负责搬迁现场的安全保卫工作。

(2)负责搬迁过程中建筑物的保护工作。

(3)负责老馆剩余物资的安全保卫工作。

4. 家具组

主管家具的接收和分发。

5. 质量检查组

(1)对搬迁中制定的各种规范、办法的执行情况进行检查和监督,及时制止、纠正违反规范的行为,并向指挥部和有关的分指挥部反映。

(2)负责馆容、阅览室、办公室布局的验收工作。

以部(处)为单位成立了分指挥部,各分指挥部负责制定本部处的搬迁实施计划,领导本部门的搬迁工作。各科(组)也成立了搬迁小组,并配备了质量检查员。各级组织在自己的岗位上忠于职守,团结协作,令行禁止,雷厉风行,组织群众出色地完成了搬迁任务。

二、计划的实施

搬迁的准备工作自 1985 年就开始了,在照常开馆,日常工作还在进行的情况下,给各部门下达了整顿藏书、整顿目录和筹备新馆阅览室的任务。包括中文期刊的配套、补缺页、提保存本;民国时期出版物整理;“文革”时期封存小报的整理和装订等。在目录整理方面,包括中文图书书名、著者字顺目录的合流及整顿;西文、俄文、日文字顺目录的合流与整顿;更新中文图书分类目录;更新中外文期刊目录等。以上工作任务各部门都认真完成了。

1987 年 5 月 1 日闭馆,首先开始了除尘打捆工作。

新馆书库于 1987 年 6 月 2 日由施工部门交给我们,6 月 3 日突击队立即开进工地。由于在不完全具备使用条件的情况下接收使用,遇到了很大困难。首先是道路,当时新馆大部分区段还在施工,书库位于工地中心,施工材料和垃圾遍地,尚未填平的沟壑纵横,车辆虽能勉强通过,但却难以接近书库楼口,加上车多路窄,时常出现堵塞现象。遇到雨天,更是难上加难。在施工过程中,道路免不了挖了又填,填了又挖,造成中断,甚至无路可走。以后成立了一个道路小组,专门找路、修路,保证有路可走,汽车通不过用小车推。其次是电梯经常发生故障,许多时间只能将钢书架和各种家具人抬肩扛,有时还需二次、三次搬运。另外,天气炎热,上下水不通,生活很不方便。许多部门工人同时施工,人员混杂,秩序比较混乱。在这种情况下,突击队员发挥艰苦奋斗的精神,两个星期内,500 吨的钢书架全部搬入主楼。尽管作了最大努力,但由于上述条件的限制,加上土建拖期,不能按预期计划交给我们,影响了搬迁进度,而书架、家具源源不断从全国各地运来,价值几百万元的钢书架堆放在室外日晒雨淋,购置苦布花了一些钱,木制家具只能租用仓库堆放,还要支付租金。这时,搬迁指挥部召开干部会议,指出搬迁"成绩很大,形势严峻,任务艰巨,前途光明"。希望全馆同志艰苦奋斗,确保搬迁任务的完成。会后采取措施,组织临时突击队,日夜三班加紧搬运,至7月底又搬运了近千吨物资。7月1日,北京卫戍区一个营的解放军参加搬迁,他们与北图员工并肩战斗5个月,为北图搬迁作出了巨大的贡献。

为了保证安全,成立的警卫队进驻工地后,面临三难:一是巡视难,单是通道的直线长度相加达16华里之多。书库地上19层,地下多层,必须步行上下。楼内经常停电,只得在微弱的光照下行走。二是驻守难,有的地方湿度高达100%,楼内散发着各种涂料、油漆的混合气味,刺鼻难闻,不少同志因此皮肤过敏。三是管理难,楼内施工没停,安装家具和搬迁又开始,各种人员混杂,管理困难。但他们为了新馆的安全,日夜坚守岗位。

8月上旬,搬迁指挥部根据实际情况调整了搬迁计划,对搬迁进度和开馆准备工作重新作了部署,8月29日再次召开全馆大会,对搬迁工作进行小结和动员。

9月1日,各业务部门按预定计划日夜三班开始向新馆搬迁。9月8日晨4时15分,将开馆向读者开放的12个阅览室全部书刊资料运至新馆各阅览室。9月10日,应该迁入新馆的部门全部迁入,至此,大部分人员在新馆工作。这一阶段工作干得很漂亮,为下一步书刊上架争取了时间。

9月11日,搬迁指挥部部署了下一阶段工作,希望大家再接再厉,争取搬迁工作的最后胜利。要求9月底以前第一批开放阅览室达到开放水平,11月15日前完成基藏书库的搬迁工作。12月15日开放第二批阅览室和目录室。最后的结果是:10月6日落成典礼如期举行,10月15日第一批开放的12个阅览室(1400

个座位）如期开放，11 月 15 日基藏书库 800 万册、7000 多架书刊资料搬入新馆书库，12 月底顺架完毕。

12 月 15 日第二批阅览室（1200 个座位）向读者开放了。从 1987 年 5 月 1 日开始，经过半年的紧张战斗，保证了 10 月 6 日的开馆典礼，10 月 15 日和 12 月 15 日两批读者服务场所按时开放。新馆开馆后继续搬迁，于 1988 年 7 月 13 日全部结束。共计搬迁中外文图书 6048 架，425 万册；线装书 2297 架，187 万册；善本古籍 592 架，37 万册；特藏 169 架/520 箱，87 万册；中外文期刊 5070 架，554 万册；中外文报纸 1567 架，13 万册；缩微品 100 柜，20 万件；目录片 500 万张。此外，还有大量人事、行政档案，办公用品等。共动用车辆 2432 车次。

事实证明，北京图书馆的全体员工无愧于历史的重托，胜利地完成了党和国家赋予的光荣使命。

在搬迁工作中，始终坚持思想领先。搬迁前召开了全馆动员大会，强调使命和责任，指出搬迁工作是对全馆队伍素质的一次考验，是检验党组织战斗力和干部领导水平的标志，要求大家以艰苦创业的精神投入战斗。接着举行了突击队和警卫队授旗仪式，鼓舞士气。各级组织采取各种形式，反复动员，指出搬迁和新馆开馆对北图划时代的意义，坚持党团组织生活制度，强调党员的先锋模范作用和团员的突击作用。在搬迁过程中好人好事及时表扬，出现问题严肃处理，遇到困难向大家讲清。在这个非常时期，政治思想工作显示了巨大的威力，保证了搬迁任务的胜利完成。出现了许多动人的事例和激动人心的场面，在发生电缆漏电、水管漏水的紧要关头，有的同志为保护国家财产作出了贡献。许多同志不怕劳累，几天几夜坚守岗位，带病坚持工作，轻伤不下火线，克服家庭困难，积极参加搬迁，感人的事例层出不穷。

搬迁工作中始终坚持质量第一。搬迁前各科组对五个文件逐条学习，大家认识到，创世界一流图书馆是神圣的职责，这个第一流就得从搬迁做起。在除尘打捆工作中,许多科组都是严密组织,严格要求,下架、除尘、打捆、装箱各个工序都有专人把关。除尘时要求"干净、彻底",打捆时每人手持一把直尺,严格控制 30 公分打捆高度,发现不合要求就拆包重打,书写装箱卡片由专人负责,对书刊的字顺、分类号、序号一包到底,箱子的码放相对集中,箱号连续并注意美观整齐。

除尘打捆工作基本完成后,6 月下旬,搬迁指挥部组织检查组对除尘、打捆、装箱工作的质量进行检查,按标准打分。7 月 4 日召开了全馆科组长以上干部和质量检查员会议,通报质量检查情况,表扬了 5 个单位,并发了奖金,批评 3 个单位,限期返工。要求全体人员牢固树立质量第一、安全第一意识,保证圆满完成搬迁和新馆开馆任务。此举对大家震动很大,受批评的单位负责人写了检讨,马上组织返工。

突击队在搬迁的过程中出现了对保护建筑物、保护成品不够注意的情况,在运输路线上,某些地面、墙壁、门窗受到不同程度的损坏,引起馆领导的高度重视。搬迁指挥部于 7 月 3 日召开新馆建筑物和成品保护现场会议,突击队、警卫队及各部处负责人参加,对在搬迁工作中的成绩充分肯定,对出现的问题提出批评,明确提出,搬迁质量如何是对我们有没有能力管理一个现代化图书馆的严峻考验。摆在我们面前有很多的困难,但最大的困难在于我们队伍中那些不科学的粗放工作作风和不文明、不守纪律的不良习惯,能不能够彻底改变? 全馆同志对这个问题应该有清醒的认识,在思想上取得一致。突击队、警卫队进行讨论,从主观上查找忽视质量、建筑物和成品保护的问题,增强质量意识,并提出了改进措施。

随后,组织全馆工作人员参观运输路线,对出现的问题引起重视并要求引以为戒。同时,制定了《北京图书馆新馆建筑、成品保护规定》。这些措施为全馆大批人员进入新馆搬迁作好了思想准备。在以后的搬迁过程中,各科组有专人负责成品保护工作,他们在易碰易碎的门旁、电梯旁和狭窄的通道里坚守岗位,保证在繁忙的搬迁劳动中,不出现差错与事故。不仅对新馆的成品保护高度重视,对于各单位撤离旧馆也提出了要求,并进行检查。9 月 19 日,召开部处主任会议,公布指挥部根据有关规定,对各部处迁离旧馆后房屋清扫、家具和钥匙移交、灯具完整情况的检查结果进行评分,并向全馆发出通报指出,检查结果反映一个部门领导的思想作风和工作作风以及工作人员的素质,强调从严治馆,不合规格者限期返工。

为了保证质量,指挥部制定了新馆阅览室(厅)、辅助书库和办公室验收标准,并于 9 月 20—25 日进行粗验,26—30 日正式验收。

新馆阅览室(厅)、辅助书库的验收标准如下:

1. 书刊排架顺序严格,每 10 米(双面架)藏书的差错不超过一种(册);

2. 书刊排架整齐,做到不倒、不歪、松紧适度;

3. 各种应备的标识、说明齐备;

4. 阅览桌椅、沙发等家具的布置应完全符合经审定的布局图的要求,不得摆放未经批准安放的家具和设备;

5. 阅览室和出纳台不得存放与工作无关的个人用品;

6. 门窗完整,不缺、不残、开关自如;

7. 书架、地面和墙壁整洁,做到窗明几净。

新馆办公室验收标准如下:

1. 各种家具、设备的安放符合经审定的布置图,没有未经批准的家具和设备;

2. 室内明面上不得摆入与办公无关的个人用品,任何地方不得存放食品;

3. 除统一标识外,门窗内外没有随意粘贴的任何物品;

4.室内整洁,做到窗明几净;

5.门窗完整,开关自如。

这次搬迁达到了不丢不乱、不损不毁、优质高效、文明搬迁的要求,呈现在人们面前的,是一座崭新、完整的国家图书馆。更重要的是,它给人们留下了宝贵的财富,这就是北图员工艰苦奋斗的创业精神和质量第一的群体意识。

第五章　人员论

一、管理学对人的认识

世界上一切事物中,人是最宝贵的。人本身就是以劳动者的数量和质量表示的一种资源,而且,自然资源也要靠人去开发与利用的。人是生产力诸要素中最积极、最活跃的要素。在管理学发展过程中,人始终是一个最重要的因素,各种管理理论的区别,归根结底是出于对人的不同认识和理解。对人的认识大体经历了四个阶段,提出了四种观点。

(一)工具人观点

将人看作是机械一样的工具,管理者的任务就是要求被管理者像机械一样反复地进行某种操作。这种观点否定基本人性,本质上是违反科学的。

(二)经济人观点

认为人的活动是由经济需要驱使的,人的一切行为是为了争取最大的经济利益。管理者与被管理者在经济活动上有一定的共同点,在管理上采取严密控制和监督式的管理方式。这种观点相对于工具人的观点是一个进步,但它没有全面地揭示人性的本质。

（三）社会人观点

认为只要是人，总要生活在人群之中，人是社会的人。除了生理和物质的需求外，还要寻求友谊与尊重，对集体和社会有一种归属感。管理的重点不在于满足人的经济动机，而在于人际关系。这种观点较深刻地揭示了人性的本质，但它过于夸大人际关系的作用，而忽视了个人在团体中的地位。

（四）决策人观点

个人要依赖团体，但团体的存在和发展也依赖于个人自主性和创造性的发挥，因此无论是管理者还是被管理者都是为了达到共同目的的决策者。从每个人都可以作出自己的决策来说，他们是个人的；从决策都是为了实现同一目的来说，他们都是社会的。这样，个人的价值观与团体的价值观就统一起来了，当个人决策与团体决策不一致时，应寻求解决这些矛盾的方法。这种观点是管理者与被管理者一种理想的融合，又有人称为"自我实现的人观点"，反映了人的自我实现这种更高层次的需要。

从以上可以看出，管理学对于人的研究，是不断深化的。"经济人"观点认为在于经济动机，"社会人"观点认为在于人际关系，"决策人"观点认为在于决策。基于这种不同的认识，形成了不同的管理学派，促使管理学理论的发展和繁荣，目前还在探索中。在以私有制为基础的资本主义社会，劳资矛盾从本质上来说是根本对立的，无法解决的，但管理理论的发展，管理方式的改变，在一定程度上缓和了这种矛盾，提高了生产力，推动社会的前进。社会主义国家的管理者与被管理者的根本利益是一致的，我们有许多成功的经验，可以借鉴科学管理的理论和方法，促进社会主义现代化事业的发展。

二、图书馆员是图书馆事业的灵魂

这句话是列宁说的,揭示了图书馆员在图书馆事业中的作用与地位。其实道理也很简单,因为图书馆的各项工作都是人做的,事业的兴衰,工作的好坏,在很大程度上取决于人。正如印度著名图书馆学家阮冈纳赞所说:"不管图书馆坐落在什么地方,开馆时间和设备怎样,也不管管理图书馆的方法怎样,一个图书馆成败的关键还是在于图书馆工作者。"早在本世纪30年代,中国著名图书馆学家杜定友提出图书馆有"书、人、法"三要素,并认为"人的观点之重要……应成为今后办理图书馆者一切设施之依据也。"

但是,应当承认,我国图书馆界对图书馆员的研究是十分薄弱的,加强对图书馆诸因素中最重要、最能动因素的研究是十分必要的。

(一)事业发展的需要

在图书馆事业的历史上,曾经历了"以文献为中心"的时代,工作的重点偏重于文献的搜集和整理,管理者的责任在于制定相关的规则和条例,保证馆藏有序的整理和安全的保存。以后进入"以读者为中心的时代",强调为读者服务,管理的重点在于馆藏的利用。随着事业的发展,馆藏犹如汪洋大海,读者也需求不一,只有把馆藏与读者结合起来,才能更好地发挥文献资源的作用,而馆员正是两者结合的桥梁。将馆藏与读者结合起来,是图书馆学基本的哲学思想,"为人找书,为书找人",是我们职业最简明的表述。只有高素质的人,才能为读者找到需要的书,为书找到需要的人。当然,这里所说的书,不只是指纸质文献,而是记录知识的各种载体,寻找的方法也不只是手工方式了,而是利用现代技术获取文献满足社会的需求。只有加强对人的管理,调动人的积极性,才能促进事业的繁荣与发展。

(二)形势变化的需要

首先,本来图书馆是"清水衙门"。在计划经济体制下,社会各行各业的经济收入区别不大。但是,经济体制的改革打破了图书馆员原有的心理平衡,由于物质条件和经济收入与一些行业反差太大,使图书馆界一些人的思想比较消极与混乱。因而人心思动,队伍不稳,而这种局面短期内还难以解决,在这种环境下,做好人的工作就更加重要了。

第二,在社会改革的冲击下,图书馆本身也在进行改革。例如实行岗位责任制、目标管理制、技术职务聘任制、各种考核制等。面对改革所带来的希望和震动,图书馆员的心理状态纷繁复杂。

第三,图书馆的现代化对图书馆员的素质和能力提出了挑战。对待现代技术,一些人乐意接受并积极参与,有些人持消极甚至抵制的态度。新技术应用,所带来的人的知识结构与技术能力的变化,打破了原有的人员结构,造成队伍的重新组合,也带来较大的心理变化。另外,图书馆现代化使得脑力劳动占据越来越重要的地位,也使劳动组织越来越从个体趋向群体,人的能动作用和群体作用在管理中将变得更为关键。

(三)职业特点的要求

图书馆作为一种社会职业,有着本身的职业特点。首先是服务性和公益性,图书馆是一个公益性的社会组织,其目的在于最大限度地服务社会,非利润性使得图书馆财政清贫,难以从物质上满足职工需求,不可能实施以物质刺激为基础的管理手段,根本的办法还是要调动精神力量。

其次是多样性和学术性,图书馆的工作分为多个工种,有体力劳动,也有脑力劳动,有简单的事务工作,也有复杂的学术活动,有些工作是可以计量的,相当一部分工作难以用数量限定,其效果很大程度上取决于自身的素质和积极性。图书馆是一个学术性机构,知识分子占较大比重。这些人精神需求高,自尊心强,对于他们积极性的调动,光靠严明的纪律、严格的监督以及金钱物质都难以完全奏效,而人的心理素质、品格觉悟却对工作积极性影响甚大。

而且,图书馆本身就是一个造就人才的环境,这里汇聚了人类宝贵的精神财富,提供了良好的学习条件,同时,工作本身也有很多问题可以研究。一个自尊自爱、有上进心的图书馆员完全可以利用身边的有利条件来提高个人素质,取得成就,赢得社会尊重,关键在于馆员有无积极主动的精神去利用这些条件。

因此,图书馆的管理者要根据人员不同的情况,采取"刚柔相济"的管理方式,从根本上激发人的积极性。

三、图书馆个体心理和行为研究

图书馆是由分散的个体组成的一个社会群体。对于图书馆组织行为的研究,首先应该从图书馆个体行为开始,因为正是图书馆个体心理和行为形成了图书馆组织行为的细胞和基础。图书馆个体行为研究包括两大部分:1.图书馆个性心理特征,它形成图书馆个体行为的具体要素,原因和内在动力;2.图书馆个体的激励问题,它是前者在图书馆管理中的深入挖掘和具体应用。

(一)能力

能力是使人们能够顺利地完成某种活动的心理特征,它是个性心理特征的一个重要组成部分。能力通常分为一般能力和特殊能力两大类。一般能力是指在许多活动中表现出来的基本能力，适合于多种活动的要求，如观察力、记忆力、抽象思维能力等，一般能力又称为"智力"。特殊能力是指为完成某种特定活动所需要的能力，如绘画能力、音乐能力、数学能力等。许多研究表明，人们一般能力的发展和特殊能力的提高存在着相互依存和相互促进的关系。因此，有组织、有计划地加强文化和科学知识的培训，提高文化素质，虽然不能立竿见影，但它有"后劲"，能为特殊能力的发展奠定基础。

图书馆工作具有鲜明的职业特点，既要求具有一定的一般能力，也要具有一定的特殊能力。那种认为图书馆的工作不过就是"借借还还"等单调的事务处理，并不要求什么特殊能力的观点，是由于不了解图书馆的职业要求。至于持有这种观点的图书馆工作者则是一种偏见，实际上是为自己不努力工作，不积极进取寻找借口。因为图书馆的工作水平具有很大的不定性，同一份工作由能力不同的人担任，其效果可能有天壤之别。就一般人认为简单的阅览室工作来说，如果仅仅是收牌，理书排书，也不能算作失职，但如果馆员非常熟悉本室藏书，积极了解读者需求，善于与人沟通，为读者解决了许多疑难问题，提供了许多信息，甚至自己编辑目录、索引和有关资料，那么，同样的阅览工作就从简单的事务性质上升到学术性质了。前后两者的差别就在于馆员的能力，那些认为图书馆不需要职业特长的馆员，他们的工作成绩大多平平淡淡，就说明了这一点。为什么要研究人的能力问题，因为个体能力的差异不仅表现为量的不同，也表现为质的差别。管理者既要根据馆员的能力来安排工作，又要注意为馆员创造机会提高和锻炼其能力。

在人员的选择、使用上，尽量做到使人员所具有的能力与实际工作相匹配，以免出现大材小用或小材大用的情况。如果个体的能力低于工作的需求，就会无法胜任，影响工作的效率与质量；个体能力高于实际工作的要求,不仅浪费人才,而且本人会满足现状,就会产生一种厌倦感和离心力。总之,要做到"人尽其才,各尽所能"。有些图书馆让一些文化水平不高、知识面较窄的人员担任文献的采选和参考咨询等工作,一些学有专长的专家的时间和精力过多地花费在查重、打字、排片等事务性工作中,都是不合理的。

(二)个性

人与人之间存在着个体差异,心理学把那些在个人身上经常地、稳定地表现出来的心理特征的总和称为个性。组成一个人个性心理的要素包括气质、性格、态度、价值观,这些要素特征是先天遗传与后天教育共同作用的结果,是个人与社会交互影响的产物。

1.气质

气质通常是指人的性格和脾气。它是一种稳定而典型的心理特征,通常突出地表现出人在心理活动方面的动力特点。即一个人心理活动进行的速度、强度、稳定性和指向性,使人在性格上表现出鲜明的个人色彩。心理学家通过观察研究,区分出以下几种气质类型:多血质、粘液质、胆汁质和抑郁质。归纳起来,前两种属于外倾性,后两种属于内倾性。实际上,生活中只有少数人是这四种气质的典型代表,多数人是介于各类型间的中间型。

一提起图书馆工作人员,人们头脑中往往浮现出这样的形象:安静沉默,平淡温和,细心谨慎,刻板单调,保守封闭,缺乏进取等等,更有许多人认为女性气质比男性气质更适合于图书馆工作,这些看法显然带有一定的片面性。事实上,图书馆员的气质是丰富多彩、各具特色的,并且几乎各种类型的图书馆员中都不乏成绩斐然者。我们所调查的 80 多名图书馆员气质各异,但他(她)们大都否定"图书馆工作不适合于我"的观点,可见图书馆工作对于气质类型具有广泛的包容性,图书馆员的形象并不存在什么刻板的模式。

气质并无好坏之分,气质类型也不能决定一个人社会活动的内容和方向,更不足以决定一个人的社会价值和成就高低,而且就图书馆本身的工作来说也是多种多样的。

但是,我们不能不承认,气质类型虽然并不能决定一个人能否干图书馆工作,能否在图书馆干出成绩,但却可以影响他的工作效率。不同类型的图书馆工作由相应气质的人来承担往往可以取得事半功倍的效果。譬如:对于多血质和胆汁质的,即外倾性气质的馆员,他们性格活泼好动,思维敏捷,动作利索,易与人相处,对于借阅流通和参考咨询这种与读者交流机会多的工作就比较合适;而粘液质和抑郁质的,即内倾性气质馆员,他们不善交际,办事认真,不急不躁,就比较适合分类编目等细致的内部工作。

为什么要研究人的气质呢?因为气质对人的行为的影响是明显的,气质不同的人,具有各自不同的行为活动的独特色彩,不同的岗位对人的气质有不同的要求。因此,图书馆管理者在安排人员的工作时候,应尽量考虑将人员的气质类型和工作特点达到最优组合,既发挥馆员特长又做好图书馆工作。

2. 性格

性格是一个人对客观事物的稳固态度和习惯化了的行为方式。性格是个性心理特征最主要的方面。在人的个性中,能力标志活动的水平,气质影响活动的方式,而性格则决定活动的方向。它是个性心理特征的核心,贯穿在人的言论举止之中。

不同类型的人有不同的性格。按心理机能来分,性格可分为理智性、情绪型和意志型三种;按心理活动倾向来分,又可分为内向型和外向型;按个体独立性来分,则可分为顺从型和独立型。

人的性格不是天生的,它是个体在发展的历程上,在社会生活实践中,在主客观因素的作用下,使外界影响在内部反映机制中保存和固定下来,构成一定的态度体系,并以一定形式表现在个体外部行为之中,形成个体特有的稳固的行为方式的结果。在同样社会环境和生活成长的人,由于存在着许多共同的因素,他们的性格难免有一些共同的特点,这就是人们性格上的典型性和共同性,如职业性、民族性、地区性等。但人不是环境的奴隶,在大体相同的环境中生活和成长的人,由于实践活动的不同,主观努力的差别,会形成不同的性格,性格具有明显的特殊性。人的性格是特殊性和共性的统一,每个人既具有明确的个性又具有人的某些共性,因而就都具有典型性。管理人员了解研究个人的性格特征,掌握人性格的共同性和典型性,有利于对员工的管理和教育。同时掌握员工的性格的特殊性和差异性,又会对区别对象,用不同方法因人采取不同的教育和管理方式提供帮助。

由于图书馆工作服务性、有序性和连续性的特点,图书馆员职业性的共同点是认真负责和细致严谨,并具有献身精神。但思想比较保守,容易墨守陈规,开拓精神较差。随着图书馆工作内容及其职能的改变,图书馆员的性格类型也应该随之有相应的变化。传统图书馆中的人大多数是内向性格。而随着近代图书馆向公众开放,又要求图书馆员有热情大方、乐观向上的性格。随着现代图书馆全方位的开放服务,对于馆员外向型性格因素的要求也就更高了。因此图书馆管理者应通过各种方式有效地引导和影响馆员逐步改变自己的性格以适应工作的变化。性格实质上就是为他人所感受到的个人一致的行为模式,可以显示出为他人所预测的行为习惯。例如有的人"怕硬不怕软",有的人"吃软不吃硬",有的人重视名誉,有的人在乎金钱,管理者若了解了职工的不同性格,就可以在一定程度上预测其行为反应,做好预先的控制和引导。

3.态度

态度是个体对某种对象所持的主观评价与行为倾向。这是个体对某种对象所持有一种协调一致的、稳定的心理反应倾向。不同的人会作出不同的评价。

态度包括认知、情感和行为倾向三种成分。认知成分是指个体对客观对象带有评价意义的认识;情感成分是个体对客观对象的情感反应和体验;行为倾向是个体对客观对象的反应倾向,即行为活动的准备阶段。

就同一态度而言,以上三种成分应该是协调一致的,如:图书馆流通领域工作人员如果在认知上充分认识到这一工作的重要性,他在情感上就比较热爱这项工作,而在行动上则有积极努力的表现。

人的态度有如下的特征:

(1)社会性:人的态度不是天生的,它是个体在社会活动中,通过与他人的相互作用,在社会环境条件的长期影响下逐渐形成的。

(2)针对性:态度必须有一个特定的对象,是针对这个对象产生的,因而具有主体与客体的对应关系。如对工作的态度、对同学的态度、对老师的态度等。

(3)协调性:个体对客观事物所持的态度中,认知、情感和行为倾向三种因素往往是协调一致的,而不会自相矛盾。

(4)稳定性:人们对客观事物的某种态度一旦形成,就具有相当的一贯性、持续性和稳定性,会持续一段时间不轻易改变,从而形成个体性格特征的一个组成部分,在个体的行为模式上反应出特有规律性。

作为一名图书馆员,对于工作的态度应该包括以下几部分:

(1)对于自我职业的态度:一个图书馆员应该认识到图书馆职业担负着保存文化遗产,传递知识信息,开展社会教育,开发智力资源的重要职责,其作用是在知识与生产力间架起桥梁,有了这样的认识,他就会对自己的职业萌生一种自豪感,从而满腔热情地投入图书馆事业中去,在工作上就会忠于职守,尽心尽力。

(2)对于读者的态度:树立"读者至上"的观念,认识到图书馆职业的价值和自我实现的途径最终在于读者,也就会甘当人梯,真诚地服务读者,关心读者,了解读者,千方百计地为读者排忧解难。

(3)对于书的态度:古代的藏书家们都以"嗜书如命"而著称,作为一种精神,现代的图书馆员应该继承和发扬,因为对于书本的了解和热爱显然有助于我们的工作。对此,一位年轻的图书馆员说得朴实而中肯:"我之所以到图书馆工作就是因为喜欢书。"图书馆所需要的正是这样的"爱书人",只有了解图书、热爱图书才能够满腔热情地为读者推荐图书,准确迅速地为读者查找图书。

态度是可以改变的。态度的转变一般表现为两种形式,一是一致性转变,二是不一致性转变。一致性转变是改变原有态度的强度而不改变方向。不一致性转变是以新的态度取代原有的态度,是方向性的转变。态度转变受很多因素的影响,归纳起来分为内在因素和外在因素两大类。管理者的责任就在于经常地对不适于目标实现的态度进行转变工作,使之有利于事业的发展。

4.价值观

价值观是人们对客观事物的重要性和社会价值的观点,是人们对客观事物的是非、善恶和重要性的看法和评价。

价值观与态度有联系,但处于比态度更高的层次。它的内容包括信仰、生活目标、处世哲学、伦理道德观念等。价值观的最高层次是理想。人们对各种事物的评价,如对自由、平等、自尊、幸福等在心目中各有轻重主次之分,这种轻重主次的排列,构成了一个人的价值体系。价值和价值体系,是决定人们态度和行为的心理基础。在同样的客观条件下,对同一个客观事物,由于价值观不同,人们会产生不同的态度和行为。如在同单位,有人注意工作成就,有人看重物质利益,有人则重视权力地位,这种差别就起源于价值观的不同。

组织行为学家史布兰格认为,人的价值观可以分为以下六类:

第一类:理性价值观,以知识和真理为中心;

第二类：美的价值观，以外形协调和匀称为中心；

第三类：政治性价值观，以权利地位为中心；

第四类：社会性价值观，以群体和他人为中心；

第五类：经济性价值观，以有效和实惠为中心；

第六类：宗教性价值观，以信仰为中心。

不同国家、时代、职业的人们在以上六种价值观中各有侧重。对于图书馆来说，第一类理性价值观应该是图书馆永恒不变的观念，这是由图书馆的知识本质决定的。在此前提下，不同时代的图书馆又注入了不同的价值观念。如果说古代图书馆是政治性价值观，那么近代图书馆就更近于社会性价值观。而现代呢，面临着信息爆炸和技术突飞，面临着商品经济的变革，如何利用现代化的信息手段为用户提供有效的信息服务成为图书馆的主要问题，因此，价值观中又必须加入经济价值观的内涵，也就是适当引入有效和实惠的经济观念，将更多的知识产品物化为生产力。此外，在具体工作中还应该顾及到美的价值观，创造美的形象。

武汉大学的硕士研究生刘晶曾对当代图书馆员作过一次价值观调查，从整体情况来看，各个层次图书馆员的价值观基本上都是正确的，即"在为读者的服务中寻找自己的价值"，但在这一大前提之下不同的群体又各有倾向：中老年馆员把为读者服务放在第一位，而年轻馆员则盼望更多的经济利益；男性馆员热衷于成名成家，提职重用，而女性则关心工资、奖金和美满家庭。在我国改革开放的今天，形形色色的价值观念涌入图书馆，猛烈地冲击着旧有观念。因此，了解图书馆员的思想状态，引导他们在这些良莠并存的观念中明辨是非，树立起正确的而又合乎时代发展的价值观已成为图书馆管理的一大课题。

（三）图书馆员的心理失衡问题

由于各种因素的影响，造成了部分图书馆员心理不平衡，产生了一些值得注意的心理倾向。这些倾向的形成,既来源于社会的某些因素,也来源于图书馆中的管理问题、工作特点以及传统观念的影响等。

1. 图书馆社会地位低而产生的自卑心理

在一次调查问卷中,86%的同志认为图书馆社会地位偏低。某馆一位年轻同志说:"办事别提图书馆,提起图书馆,能办的事也不办,能管的也不管。"面对这样的现实,一部分同志产生了自卑心理,在他们心目中,图书馆工作成为一种有损面子的标志而羞于启齿。

2. 改革环境中产生的攀比心理

经济改革和对外开放使我们看到自身在经济与技术上与别人的差距,于是出现攀比心理。与国内相比,同一些掌握着管理权力和经济利益的单位与个人攀比,为自己的收入微薄而自卑自怜;与国外相比,则同别国现代化的生产工具和优美舒适的工作环境攀比。

3. 环境限制而产生的被动心理

图书馆属于那种"求人办万事"的单位,在经济上、人事上都缺乏足够的自主权,工作上的一举一动常常受多方牵制而举步维艰,处于"设备经费拼命叫,人员编制伸手要,住房苦苦讨,部门之间靠社交,上级领导难依靠"的状况,束缚了手脚,工作相当被动。

4. 用人不当产生的怀才不遇心理

由于图书馆尚未形成健全的人员管理机制,使得一些能力与素质较为出色的人长期干着低层次的或与人个特长不相符的工作,自我实现的需要不能得到满足,一些人抱着怀才不遇的抑闷心情,尤其那些其他专业转入图书馆的人常叹:"入错了行!"

5. 管理不善而产生的随遇而安心理

长期以来,图书馆未能形成良好的竞争机制,挫伤了图书馆员的工作积极性。既然工作出色者并不能得到优厚的待遇,那么甘居中游者心安理得,而饱食终日的懒汉也不会面有愧色。有些人进入图书馆本来就是为"舒适"和"轻闲"所吸引,这样的管理体制岂不正迎合了其需要。于是,图书馆变得毫无生气,以至于有的馆员说:"图书馆是造就懒人的地方。"

6."重藏轻用"思想带来的自我轻视心理

传统的图书馆重藏书轻利用,这种见物不见人的管理,长期以来在馆员心目中打下深深的烙印,使他们往往满足于管好藏书而忽略了自我潜能的发挥;读者走入图书馆也常常见书不见人,只知寻找目录、图书,而不知向馆员叩师问道。

7.小农意识带来的本位主义心理

由于图书馆工作人员往往长期固定于某一岗位,沿用传统的手工操作,加上某些工作间的衔接性不强,易于形成本位心理。这种心理忽视各个部门之间的联系和制约而各立门户,排斥新的工作方法。同时,这种心理还突出地表现在图书馆员往往将藏书为本馆私有财产,以此傲视读者。

8.独善行为而产生的封闭心理

长期以来,图书馆是一块风平浪静的地方,在工作人员心理上形成独善其身的保守思想。一些人满足于环境的优雅、安静与舒适,对工作不求上进,美其名曰"修身养性";另有一些人一味地在故纸堆中钻研,不问社会需求;还有一些人惧怕改革的风险,而阻挠变革措施。这样一些保守思想阻碍了图书馆的发展更新。

以上这些心理倾向,在一些馆不同程度地存在着,管理者应时时注意其表现,认真地分析其思想根源,及时地加以引导和纠正,力求避免和减少它们对于事业的不良影响。

四、图书馆个体之间的冲突

冲突就是矛盾,是指两个对象之间的互相排斥或不相容。一般人认为,图书馆是风平浪静的,这是不了解实际情况的想象。实际上图书馆的冲突触目皆是,有的明显,有的潜藏;有的剧烈,有的轻微;既有破坏性的,也有建设性的。认真地分析图书馆内存在的冲突,找出冲突的原因,对于合理地解决冲突是有帮助的。从个体之间来说,主要表现在以下几个方面。

(一)生理差异带来的冲突

图书馆员从生理结构上来看是形形色色的,因此,基于生理条件的冲突几乎无时不在,大至涉及图书馆规章制度的制定,如多数年纪大的喜欢坐班制,几乎全部的青年人喜欢弹性工作制;小至二人之间的小纠纷,如身体好的同志喜欢空气流畅,而身体弱的喜欢门窗紧闭。这一类冲突虽然多而杂,但它基本上不影响整体目标,不涉及个人最根本的利益,易于调停。

(二)个性差异所引起的冲突

图书馆员由于性格、能力、气质、价值观等个性因素的不同,导致办事作风、成效和对事物的认识不同,在具体行为中就以冲突的形式表现出来。譬如,急性子的人和慢性子的人若在同一条流水线上工作,则发生节奏上的冲突;好安静的人与好热闹的人如果同处一室则发生环境上的冲突;追求崇高目标的人与单纯讲金钱的人在观念上、行为上发生冲突,这种冲突也具有普遍性,而且由于常常定型难以改变,所以冲突长期潜伏,最终导致不良后果。

（三）物质利益带来的冲突

提薪、奖金、住房、晋级、职称等等这些利益虽然以物质的形式表现出来，但它同时也是对职工的能力、地位、尊严的一种认同，加之图书馆本来物质利益就少，僧多粥少，竞争激烈，因此，物质利益成为引发职工冲突的最敏感的因素，绝大多数的图书馆员承认在这些事上最易与人冲突。这类冲突并不是时刻爆发，但易产生不良影响，因此一定要慎重对待。

（四）心态不良引起的冲突

不能否认，在图书馆员工中仍然存在一些不健康的心理特征，譬如：文人相轻，嫉贤妒能，"嫌人贫，妒人富"等等。这些不良心理极易引起人际冲突：工作积极者遭孤立，学术突出者受攻击，成绩突出者被压抑等等。这一类冲突的主要原因往往潜藏极深，而以另一种借口表现出来。冲突给受打击者带来的苦闷往往是长期的。因此，管理者需善察人心，正确分析隐藏在表象后面的真正问题。

五、知人、用人和育人

研究图书馆馆员个人的心理行为特征，是为了了解馆员个人的能力、性格、气质、态度价值观等，以达到"知人"的目的。而"知人"的宗旨是要在了解个人的基础上实行个性差异管理，以正确地"用人"和"育人"。

（一）知人：明察善解，公正评价

"知人善任"，充分了解职工，对于图书馆人才的发现是必不可少的。图书馆职工的特点是层次多,专业杂,来源广,潜在人才资源丰富。对于许多图书馆来说,人才资源的开发是做得很不够的,不少职工在馆内默默无闻,而调出馆后才因有所成就而引人注目。实际上许多图书馆,尤其是大馆老馆往往是藏龙卧虎之地,而职工最大的心理挫折往往又是怀才不遇,"千里马常有,而伯乐不常有"正好应证了这句话。当今的图书馆普遍尚未建立起完善的人才竞争舞台,在这种情况下,就更需要管理者目光敏锐发现人才。

知人难,不仅难在感知的对象千变万化难以捉摸,更难在人们在知觉他人的过程中往往不自觉地陷入某些偏见。"知人"的过程中,"误区"重重,第一印象、思维定势、近因效应、晕轮效应、定型效应等等,所有这些都出于认识上的表面性和片面性,易使我们对他人发生某些甚至是很严重的误解。因此,管理者在了解员工的时候应意识到可能存在的偏差,本着"唯实"的态度,全面考察,公正评价。

(二)用人:扬长避短,量才为用

现代科学管理强调:"只有无能的管理,没有无用的人才"。因此,如何用人成为管理的一个重要课题。

"金无足赤,人无完人",一个人的个性往往是瑕瑜并存,优劣互现的。美国学者杜拉克在《有效的管理》一书中提出一种很有价值的思想:"有效的管理者能使人发挥其长处,他知道不能以弱点为基础。"因此,"用人之长"是管理用人的基本原则。

在图书馆管理中,"用人之长"的原则是通过"量才为用"来具体实现的。这里的"才"是广义的,它不仅代表一个人的能力,而且是对图书馆员的德、识、体、能等诸多因素的综合评判。在考察图书馆人员的同时,还必须考察图书馆的工作特点,以达到人员与工作的最佳匹配。图书馆工作一般来说分为以下几种类型:①学术性工作,包括选择图书、分类和主题标引、参考咨询、书刊评价、情报分析与研究等等。这类工作要求有较高的业务水平,广阔的知识面,准确的判断、综合、分析能力,熟练的写作能力等等,要对图书馆的工作及其宗旨有明确的认识,富于开拓和进取精神。②事务性工作,包括查重、登记、著录、排卡、出纳、清点、提书等。这一类工作带有图书馆的专业特点,但学术性较少。要求图书馆员具有相应的工作能力,但更重要的却是热爱图书馆事业的思想和默默无闻的献身精神,还要具有乐观开朗的性格,善于与人交流。③管理性工作。这类工作要求有较强的组织能力,全面熟悉图书馆的业务,具有整体和长远目光,善于内外沟通协调,善于洞察问题,口头和书面表达能力均强。

用人之长的原则同时也适合于人员间的调配,在建立一个分支部门时,成员间的个性务必适当调配,相互补充,以形成动静结合、刚柔相济的群体个性,这样才可能有和谐有效的群体效应。

(三)育人:补人之短,依性顺导

人的素质极大地影响着图书馆的工作质量,"育人"一直是图书馆持之以恒的任务。在图书馆中,育人的具体内涵,一方面是知识与能力的培训,另一方面是思想与个性的教育。在社会发展日新月异、职工思想动荡不安的现实条件下,图书馆的"育人"工作举足轻重。

如果说"用人之长"是"用人"的原则,那么"补人之短"就是"育人"的原则。图书馆的教育和培养应该强调"对症下药",这样既易于达到教育的目的,又体现对职工的尊重。那种整齐划一、步调一致的教育方式是不足取的。譬如说,对于学图书馆专业的馆员,应该激励他们多吸收多学科的知识;对于其他学科的馆员,则应为他们安排图书馆专业的培训;对于能力强而思想不稳定的人员,应对他们晓以图书馆工作之大义;对于思想保守的馆员,要开导他们在改革开放的今天应该逐步改变那种小心翼翼、固步自封的个性……。

育人的内容是"补人之短",而方式则是"依性顺导"。图书馆员的个性是多种多样的,"育人"也必须因材施教,因势利导,随机应变,讲究方法。譬如说,对于个性自卑的职工不应过多的苛责,而宜多用表扬鼓励的方式使其恢复自信;对于自高自大者,则宜及时"泼冷水",使其有自知之明;对于个性倔强者,在教育中则应心平气和,防止"顶牛";对于领悟快的人,稍加暗示即可……。育人方法是一门艺术,认真地研究这门艺术,合理地应用它,可以使我们的工作事半功倍。

六、图书馆员的素质要求

图书馆工作作为一种社会职业,对人员素质有着一定的要求。建设一支具有良好素质、结构合理的队伍是履行图书馆职能、发展图书馆事业的关键。不同的国家、不同的时代对图书馆员有不同的素质要求。根据职业的特点和我国的实际情况,图书馆员应具备以下条件。

(一)思想素质

图书馆员作为一个中国公民,应该拥护中国共产党的领导,遵守国家法律和公共道德。作为一个图书馆工作者,应该热爱自己所从事的事业,遵守职业道德。职业道德是人们在自己的职业生活中所必须遵循的道德规范。在图书馆职业活动中逐渐形成了道德规范与行为准则。它规定图书馆员在履行职责中"应该怎样","不应该怎样",也就是从道义上规定以什么样的思想、感情、态度、作风和行为去待人处事,去完成本职工作,去尽社会责任,从而调节本行业内部与外部的道德关系。职业道德涉及职业道德关系、职业道德意识和职业道德活动三个方面。职业道德关系集中体现在图书馆员同事之间、图书馆员与读者之间，以及图书馆职业与其他职业之间。职业道德意识是指在职业活动中对道德目标、道德观念、道德情感等方面的认识。职业道德活动则是在道德意识指导下进行的道德行动。图书馆作为一种服务性行业，只有具备良好的职业道德，才能取得社会的信赖与支持。在长期的职业活动中，已形成了一些道德规范，正是广大图书馆工作者在自己的岗位上恪尽职守、兢兢业业为社会作贡献。但令人遗憾的是，有一些人职业道德意识薄弱，缺乏敬业精神，服务意识差，行为不守职规，败坏了图书馆在社会上的形象。目前我国还没有图书馆职业道德的条文，而世界上不少国家都制定了道德规范，如日本的《图书馆员伦理纲要》。在这种情况下，建立一个完整的道德规范体系，保证图书馆从业人员的正确行为是非常必要的。

（二）业务素质

任何一种职业都有特定的知识与技能。对文献信息资源的收集、整理、储存、传播和利用是我们专业区别于其他专业的标志，也是我们为社会服务的看家本领。由于文献数量庞大，在这种情况下，获取有效的信息，一是取决于对信息的整序能力，二是对信息的检索能力，三是对信息的开发与利用能力。由于社会分工的不同，这种能力不是所有专业的人员所能具备的。而图书馆员是信息系统的建设者，也是使用中的服务者和向导。图书馆员的业务素质归纳起来一是博，二是实。所谓博，这是因为文献的内容包罗万象，要求图书馆员有较广博的科学文化知识。所谓实，是因为图书馆工作是一个实践性和操作性很强的职业，图书馆员应具备一定的知识与能力。如掌握和运用业务工作的基本知识和基本技能的能力，使用各种工具书的能力，计算机技术应用能力，综合分析能力,文字表达能力等。还应具有一定的外语和古汉语水平。当然,不同工种和不同层次的工作有不同的要求,但至少要具备胜任本职工作的知识与能力。

(三)身体素质

图书馆工作既有脑力劳动,又有体力劳动,图书馆员应具备能担负本职工作的身体条件。

直到目前为止,国家主管部门对于不同类型、不同层次的图书馆工作人员应具备的条件没有明确的规定。致使一些人包括一些领导干部在内,对图书馆职业抱有偏见,对图书馆工作的性质不了解,认为图书馆员不需要什么知识和技能,什么人都可以做图书馆工作。加上管理体制和人事制度的弊病,一些图书馆没有挑选人员的权力,使某些图书馆成为照顾关系、安置人员的场所。上述几点是造成图书馆工作人员队伍素质不高、结构不合理的主要原因,这个问题不解决,图书馆事业的发展必将受到很大影响。

七、图书馆人员的流失问题

在计划经济体制下,工作由政府安排,人们到一个单位工作后,一般很少调动。实行改革开放政策后,允许人才流动,图书馆调走的人员增多,出现所谓"跳槽"现象。人员流动在社会生活中本是一种正常现象,并不值得大惊小怪。但图书馆的"跳槽"何以成为一种特殊的突出问题,而引起图书馆界广泛的关注和普遍的忧虑呢?

(一)冲击面广、数目惊人

在人员流失问题上,图书馆面临建国以来最大的冲击,涉及各个地区、各种类型的图书馆和各个部门及各个工种,从首都北京到经济发达的广州,从公共图书馆到高等院校、科研图书馆,从流通、编目到参考咨询部门,人心思动,队伍不稳,人员流失的数目是惊人的,包括北京图书馆、上海图书馆等大型图书馆也不例外。北大一位研究生对中国科学院系统的 105 名专业人员作过调查,调查结果发现,其中 70 人希望调动。

(二)精锐流失、双向失衡

调出图书馆的是一些什么人呢? 据各馆情况综合来看,人员流失最多的是一些年富力强、文化程度较高、有较强的工作能力的人。有调查表明,在所有调出的人员当中,受过大专以上教育的占80% ,其中大多在 20—40 岁的年龄段。这样的一批人,有的已经积累了丰富的工作经验,起着业务骨干的作用,他们的离去使图书馆痛失砥柱;有的素质出色,潜力深厚,他们的离去使图书馆后继无人。可见,图书馆的"跳槽"是真正的"人才流失",它使得我们的事业受到影响。当然,这些年来,也调入不少有用之才,但进的还是少数。

(三)原因复杂、去向多样

据北大一位研究生的调查,在希望调动的人当中,抱怨学习机会少的占 50% ,所用非所学的占 35% ,经济待遇差的占 38% ,对图书馆工作无兴趣的仅占 15% 。据对流失去向的调查,并非所有的人都是去到收入更高的单位,有的人仅仅是去到一些更利于自我发挥或更开放、更有挑战性的环境里。这些数据不一定完全准确反映客观实际,但它说明图书馆人员流失的原因是复杂的。

当然,"跳槽"现象并不是衡量图书馆工作好坏的唯一标准,而且也有调进的,但这样多的优秀分子舍我而去,说明图书馆并不具有一种强大的凝聚力量,这应是我国图书馆领域一个值得引起高度重视的问题。造成这种状况的原因是复杂的,我们从下面几个方面进行分析。

1. 社会因素

主要是改革开放形成的社会变革所带来的冲击。改革开放以前,图书馆一般没有人员流失的威胁,相反,图书馆是当时社会上颇具吸引力的职业。但随着改革开放步子的深入,图书馆的人员流失问题变得越加严重。这是因为:①商品经济的发展产生了收入和物质分配上的差别,而图书馆的收入微薄就更加明显,整个社会更富有活力和更多机会,而图书馆仍是一个相对保守、风平浪静的天地,内外环境的鲜明对比,打破了图书馆员内在的心理平衡,产生了思想动摇。②国家对图书馆投资有限,劳力密集型的生产方式限制了社会对于信息的需求,相对落后的教育水平制约了人们对于知识的追求,因此,在社会主义初期阶段这样一个特殊环境里,图书馆欲显示自己的价值,赢得社会的认识和尊重显然是不容易的。③与此同时,"一切向钱看"的思想不仅影响着人们的追求目标,也支配着人们的价值评判体系,在这样一种价值观念影响下,清贫的图书馆和图书馆员并不为人们所羡慕。

2. 个人因素

图书馆"跳槽"行为的个人动机也是因人而异的。①一部分人受金钱意识熏染,过分看重个人的物质利益,于是抛弃了事业;②一部分人本来对于图书馆事业没有深刻明确的认识,在社会舆论冷淡的状况下便产生严重的自卑心理,以跳出图书馆为幸为荣;③一部分人素质好、能力强,希望通过自己的能力来实现自我价值,一旦此渠道不畅,便产生了另谋出路的想法,此外可能还有其他原因,如个人的爱好,与领导、同事的关系,家庭问题的解决等等。

3. 图书馆内部因素

图书馆内部因素主要出于管理上的一些问题:①用非所学、用非所长。在一些不重视人才的图书馆,专业技术人员长期在简单的事务性操作中耗费时日,使他们感到工作枯燥、前途无望。②领导作风。有些领导嫉贤妒能,压制人才、闲置人才的现象时有发生。③封闭保守的环境。长期以来图书馆强调藏书的搜集和保管,对于工作的改进、人员的培养和开发重视不够,这与有识之士积极进取、渴望改革的精神主流相悖。④缺乏激励的管理。分配上的大锅饭,用人上的论资排辈使得图书馆的管理缺乏激励性,对于那些贡献大、能力强的人来说,这无疑是在社会不公平之上又加上馆内待遇的不公平,只好一走了之。

既然造成人员流失的原因是多方面的,也应多渠道加以解决。人的行为是一定的欲望驱使的,欲望多种多样,也就是我们常说的人各有志。与其他行业相比,当付出同样的劳动所得到的报酬反差太大时,就会有所选择。图书馆是个一没权二没钱的单位,尽管说图书馆如何重要,但地位和待遇太低,在社会上不会成为抢手的职业。大家知道,教师是高尚而重要的职业,人们给予它"人类灵魂工程师"等诸多崇高的声誉,但为什么教师队伍流失那样严重?因为,实际的利益比理论上的地位有更大的诱惑力。如果图书馆员有行政官员的地位,有银行职员的待遇,将会是什么局面呢?所以,关键在于提高图书馆职业的地位和图书馆员的待遇,当然,这个问题的解决要有一个过程,我们期望能逐渐解决。

要解决图书馆人员流失问题,还在于从图书馆内部积极作好工作,增强凝聚力。如注重图书馆文化建设,重视理想教育,重树图书馆的职业精神;讲求知人用人的艺术,使人尽其才;使用各种激励手段,从工作内、外增强图书馆职业的吸引力等。另外,搞好"以文补文",要破除"文不经商、仕不理财"的观念;要丢弃"坐吃官粮"的依赖思想,树立艰苦创业的精神。这样,既能给职工提供工作上的挑战和经济上的满足感,又能给图书馆事业的发展增强后劲。广州图书馆 1991 年"以文补文"收入 97 万多元,其中 50%

用于补充事业经费的不足,30%用于员工集体福利,20%用作奖励基金,这样既促进了事业的发展,也有效地稳定了队伍。

我们这里谈论"人员流失"问题的背景,是在一段时间之内大量人才调走,应当引起关注,但我们并不反对合理的人才流动。"流水不腐,户枢不蠹",合理的人才流动有利于图书馆事业发展。所谓增强图书馆凝聚力也不能理解为将图书馆员牢牢系在一处永不流动。那种有利于人尽其才,有利于解放生产力的人才流动应该得到支持。譬如:图书馆内部的岗位调整,图书情报系统内的单位调动,有些人员调到其他单位,都是正常的。因此,必须建立合理的人才流动机制,沟通流通渠道,并采取相应的管理措施对合理的人才流动给予支持,对于不合理的流动给予限制。

八、图书馆人员管理

人员管理是图书馆根据一定的标准,对人员进行录取、使用、培训和考核的活动过程。它包括人员管理的理论体系和实践活动、管理制度和管理行为,这项工作既是科学又是艺术。

录取是图书馆根据本馆的方针任务,从当前和长远的需要出发,以优化群体结构为原则录用新的工作人员的过程。这就需要制定一个人才需求的计划,有针对性地招聘所需要的人员。在录用时明确对录用人员的要求,讲清本馆的条件,经过一定的程序对符合条件者择优录取,以保证录用人员的质量,避免长官意志和随意性。

使用是根据工作需要和个人的状况安排一个合适的职位,使个人有发挥自己才能的机会,得到与贡献相应的报酬,享有与职位相应的权力,并尽到与职位相应的责任。选拔是将有突出成绩的人员提升,使他们在高一级的岗位上发挥自己的才能。

培训是给工作人员学习的机会,使他们能适应将来工作的挑战,根据目前的职务、下一个职务和未来职务的需要安排培训计划。

　　考核是对工作人员作出实事求是的评价,根据表现给以合理的奖励或惩罚。在管理的诸要素中,人是最活跃的,也是最复杂的。因此,人员管理也是最困难的。对同一个人,各人有自己的价值观念和评价标准,往往有不同的看法,有时甚至截然相反,如何公平客观的评价,应该建立一种机制予以保证。

　　例如澳大利亚国家图书馆在录取人员问题上,采取公开招聘的办法,从一般工作人员到馆长都不例外。需要招聘人员时,将条件和待遇公开登报,全国的人都可以参加应聘。馆内临时组成一个三人小组,与应聘人员进行接触,通过一定方式进行考核,决定候选人选。然后将候选人的情况登报,三个星期内如果没有人反对,就得到这个职位。如果有人反对和争执,由公务人员事务管理局裁决,如果认为上诉合理,按原来程序重新进行。他们说这是为了公平和保证人员的质量,因为是完全公开进行的,受到群众和社会舆论的监督,可以避免一些弊病。

　　从 20 世纪 30 年代以来,西方一些国家用"评价中心"的方法选拔管理人员,由评价中心的专家,对所选人员进行各种考核与测检作出评价,结果表明效果较好。根据一项调查,选拔管理人员时,只是由企业领导人独自决定的,正确率为 15%;由基层部门推荐,由领导人决定的,正确率为 35%;经过评价中心评选的,正确率为 76%。可见这种机制对正确选拔管理人员有一定的作用。

　　目前我国在人员管理上还没有建立一套完善的机制,在人员的录取、使用、提拔、考核等方面虽然采取一些方法,但领导者的意志起主导作用,在这种状况下,正确与否与领导者素质有很大关系,领导者素质高,就会大公无私,以事业为重,选拔优秀的人才;领导者素质低,就可能给任人唯亲、以权谋私创造条件。有一副对联,上联是"说你行,你就行,不行也行",下联是"说不行,就不行,行也不行",横联是"不服不行",就是对这种情况的写照。这种状况对国家、对事业是不利的。应该建立健全的机制,把人员管理纳入法制的轨道,创造一种让工作人员发挥自己才能,积极向上,力争上游的环境,做到条件公开、公平竞争、评价准确,让人在机会均等的条件下表现自己。

在本章结束时,再一次强调图书馆的主管部门和图书馆的领导应把队伍建设放在重要位置。因为人员是图书馆诸要素中最活跃的起决定作用的因素,人员的素质决定图书馆工作的效率和质量,决定图书馆事业的前途。管理者必须在思想上和行动上明确地、坚定地抓住调动人的积极性这个核心,搞好队伍建设。

第六章 激励论

心理学家认为,人的行为是某种动机引起的,动机是人类的一种精神状态,它与外部条件又密切相关。因此,凡是对人的动机与行为起激发、推动、加强作用的因素就称之为激励。从管理学的角度讲,激励是一个能使个体将外来刺激变为实现目标的自觉行为的过程,也就是我们通常所说的提高人的积极性。管理界普遍认为,人的知识不如智力,智力不如能力,能力不如素质,素质不如觉悟,这里的觉悟指的就是工作的积极性和主动性。如果说,这里的知识、智力、能力、素质、技术等是影响工作的硬因素的话,那么,激励行为则是影响工作的软因素了,只有通过激励,激发职工的工作动机,才能使硬因素得以充分发挥,从而提高工作的质量和效率,变"要我做"为"我要做"。

一、需要层次论

人类有目的的行为都是对于某种需要的追求。当人的需要具有某种特定的目标时,就转化为动机,动机的驱动就使人产生行为。因此,人的积极性与需要紧密相联,人的行为是由动机驱使的,要预测和引导人的行为,就必须了解人的需要和动机的有关规律。马斯洛的"需要层次论"、奥德费的"ERG 理论"、麦克利兰的

"成就激励论"和赫茨伯格的"双因素论",均是这方面研究的成果。其中马斯洛的需要层次论影响较大。

需要层次论是马斯洛在1943年发表《人类激励的一种理论》一书中提出的,他把人类多种多样的需要归纳为五大类,并按照发生的先后顺序排列成由低至高的五个等级。

1. 生理的需要。即维持生命和生活所必需的各种物质上的需要,如衣食、住房、情欲等。这是人类生存的基本需要。

2. 安全的需要。基本生活条件具备以后,生理需要就不再是推动人们工作的最强烈力量,取而代之的是对现在和未来安全的需要,如就业安全、劳动安全、人身安全、未来生活保障等。

3. 社交的需要。人在社会生活中希望受到别人的注意、接纳、关心、友谊和同情,对团体有一种归属感。这种需要比生理和安全的需要来得细致,需要的程度因每个人的性格、经历、受教育程度不同而有差异。

4. 尊重的需要。包括自尊与受人尊重的需要,自尊是指在自己取得成功时有一种自豪感;受别人尊重,是指当自己做出贡献时,能得到别人的承认和赞扬。自尊心是驱使人们奋发向上的推动力,也是人们对自己名望、地位的一种追求。

5. 自我实现的需要。希望自己在工作中有所成就,在事业上有所建树,这是一种挖掘自身的潜能,实现自己的理想与抱负,充分发挥自己全部能力的需要。

马斯洛认为,上述五类基本需要是按顺序逐级递升的,但并不是机械的递升,并不是某种需要100%地得到满足后,高一层次的需要才会出现。而且,在通常情况下,社会中的大多数人的各种基本需要只能部分地得到满足,越往高级满足度就越低。马斯洛的这种理论,是以个人主义价值观为基础的,不能笼统地全盘肯定,但它归纳了人类的基本需要,并论述了由低级向高级发展的规律,是我们研究图书馆员的需要时值得参考的。

二、图书馆员的需要

研究图书馆员的需要是激励的起点。作为一个图书馆员,他首先是人,但他有特定的职业和特定的环境,他们的需要是什么呢? 需要的层次如何划分呢?

(一)生活的需要

衣、食、住、行、健康等生活需要对每个人来说都是首要的和基本的,对此国家是有保证的。但相对于其他许多部门来说,图书馆是吃"皇粮"的"清水衙门",收入较少,因此,职工的物质贫乏就显得比较突出,加上图书馆女职工多,家务事多,生活的负担重,于是,图书馆员的生活需要就尤为迫切了。有一项调查显示了如下的资料:①经济状况:经济宽裕者仅占2%,其他感到经济有些紧张的占35%,感到负担过重需紧缩过日子的占30%;②家务状况:基本不承担家务的占6%,承担部分家务的占42%,承担大部分家务常感疲劳的占40%,家务十分繁重的占12%;③健康状况:身体健康的占22%,身体一般的占34%,体质较弱的占35%,体弱多病的占5%。此外,调查中发现住房条件一般较差。

在生活服务没有社会化的情况下,图书馆还要解决食堂、住房、幼儿园等问题,给职工创造良好的工作条件,解除后顾之忧,能集中精力安心工作。北京图书馆新馆建成前,没有幼儿园,上班与照料孩子的矛盾一直困扰着年轻的父母们。后来采取两个办法,一是由馆里出钱在社会上的幼儿园争取一定的名额,二是在馆里办起简易幼儿园,基本上解决了这个问题。从全馆来说,这不过是小事,对个人来说就是大事了。

所以,改善和提高生活状况是我国图书馆人员最基本而又最迫切的需要。目前,我国图书馆工作人员的积极性没有充分发挥,一个重要的原因是人们的基本生活需求没有得到满足。有的人本来是喜爱图书馆工作的,但由于生活常常捉襟见肘,只好牺牲了在图书馆追求事业的高层次需要,转而到别的单位去了。

(二)岗位需要

在中国,图书馆员职业安定,劳动安全,有退休金等未来保障,因此,安全需要并不显得十分突出,而在一定的生活需要满足的条件下,岗位需要却显得比较迫切。因为,图书馆很多不同岗位工作环境和条件不尽相同,奖金待遇也有所差别。更重要的是,岗位是表现能力、施展抱负、获得成就的机会,是寻求社会尊重和自我满足的途径,这些方面的不同要求自然产生了不同的岗位需求。在图书馆里传统上流行"一参二编三流通"的说法,它反映了图书馆人员对于岗位的评价和取舍,也表明了在图书馆里岗位的需求是现实存在的。在实行岗位责任制后,采编工作有较高的指标,有些人觉得太累,要求调到流通部门,各有所好是人之常情。

完全按个人的意愿安排工作岗位是不可能的,管理者根据工作需要和个人素质,安排合适的岗位,尽力做到各得其所,人尽其才。对于一些人们不愿意去的岗位和工种,应采取适当的优惠政策,对于不能按照个人意愿安排工作岗位的人员要做好思想工作。

(三)学习的需要

对于图书馆工作来说,要保持合理的知识结构,就是不断地更新和补充知识。当今图书馆处于一个变革的时代,面临着技术上的、思想上的以及管理上的转变,这就给那些有事业心的图书馆员们创造了极大的学习动力,没有受过高等教育的人希望得到更高学历的文凭,受过高等教育的希望能继续深造。无论是图书馆专业还是其他专业的工作人员对于知识的更新和补充都有迫切需要,大多数希望有学习与进修的机会。

(四)成就的需要

这是指希望发挥自己才能,实现理想和抱负的需要。首先是在馆内,希望得到相应的职称与职位,取得在馆内的地位,受到重视和尊重。然后希望自己的工作成绩和学术成就得到社会的承认,在图书馆界和社会上得到应有的影响与地位。

(五)理解的需要

图书馆员对于理解的需要格外强烈,这是由我国图书馆所处的现实状况所决定的。因为,社会对于图书馆的了解、认识和重视远未达到理想的境地,图书馆员的理解需要主要包括三个方面:

1. 了解需要。图书馆员希望社会了解图书馆工作,对其作出恰如其分的评价。现在社会上有些人认为图书馆有没有都一样,不少人不知图书馆员可以干些什么,图书馆学到底学些什么,这显然对图书馆工作和图书馆员的理解需要相距甚远。

2. 情感协调。图书馆人员希望与社会其他人之间感情融洽,尤其希望与读者建立一种相互依赖的感情。

3. 平等尊重。这是图书馆员需要的核心,它包括自尊和受人尊重。图书馆工作既有学术性,又具服务性,这就使得图书馆员对于平等尊重的需要格外强烈,而又格外容易受挫。因此,他们在这方面的需要特别复杂,它同地位、荣誉的需要密切相关,又同工作中的日常际遇和交往时时联系着。

了解图书馆员的需要是为了尽可能地满足合理的要求,但在现实生活中,各人不同层次的需要又不可能完全满足。这样,组织利益与人个利益有个协调的过程,对管理者来说,则是领导艺术,当然,作为个人也应以服从组织利益为前提。

三、图书馆激励的方式

激励的方式概括起来主要分为两大类：工作内激励和工作外激励。

工作内激励主要是通过工作本身的挑战性、有趣化、责任感、重要意义、良好环境等来满足职工的个人成就和个人兴趣，达到激励的效果；工作外激励是通过工作绩效的外在奖励来激发其工作热情，它包括物质激励和精神激励。

（一）安排适当工作

图书馆有不同的部门和工种，这些不同的工作对人的知识和能力的要求是不同的，而每个人的文化知识水平和工作能力是有差异的。如果能把工作的要求与职工自身的条件结合起来，尽量考虑职工的特长和爱好，做到各得其所，人尽其才，就能激发人的内在的工作热情。根据人的特长安排工作就是要从"这个人能做什么"，而不是"他不能做什么"这个角度来考虑问题。因为每个人都有自己的优势和劣势，即各有所长，各有所短。管理者要用人就在于用其长而避其短。清人顾嗣协就有一首《杂兴》诗说明如何恰当用人的道理。

> 骏马能历险，力田不如牛。
> 坚车能载重，渡河不如舟。
> 舍长以就短，智者难为谋。
> 生才贵适用，慎勿多苛求。

安排适当的工作，还要求在条件允许的情况下，把个人工作与兴趣爱好结合起来。当一个人对某项工作真正感兴趣，爱上这项工作时，他会千方百计地努力把这项工作做好。同时，安排适当的工作,不仅要结合职工的特点与爱好,而且工作的要求与目标要有一定的挑战性,才能激发职工奋发向上的精神。

(二)丰富工作内容

图书馆工作从整体来说是丰富多彩的,但一个人长期从事某种工作就会觉得单调乏味。有些人认为图书馆工作看不到明显的成果,工作缺乏挑战性。出现这样的思想,原因是多方面的,如图书馆目前自动化水平低,排卡、查重、登记等一类比较单调的工作还停留在手工操作阶段;传统的被动服务方式造成图书馆工作单一化;某些分工不当,如分工过细,责任不明确等。

单调的图书馆工作使人产生厌倦情绪,缩小了人们的职业视野,压抑了人的自主精神。这些弊病,图书馆的年轻人感受尤深,因此也抱怨最多。改变这种现状的方法主要是改变工作本身,改造工作环境,丰富工作内容。通过工作丰富化,可以消除职业疲倦,提高职工素质。具体来说,图书馆工作丰富化有以下方法。

1. 工作扩大化。是指增加职工的工作内容或工作责任,譬如,将图书馆分编人员检查工作质量这一工作由专人担任改为由分编人员相互检查,相互探讨;再如,让编目人员同时进行分类;让每个分编人员在著录卡上打上工号或姓名,以增强其责任感和荣誉感。

2. 工作轮换。是指周期性地对工作人员进行岗位调换,让每个职员在其职业生涯中接触到图书馆中每一类型的工作。一般来说,我国图书馆的传统强调经验和工作积累,因此,大多维持岗位的稳定性。我们认为,对于这一问题也应该区别对待:那些基础性的、操作性的工作可以多轮换,而那些学术性的、研究性的工作则可以少轮换或不轮换;性质相近的工种轮换周期可以短些,而性质相差大的工种则周期长些;同时,在轮换中做好职工培训和"交接棒"工作。有些图书馆的工作经验证明,只要做好控制协调,工作轮换可以产生较好的效果:①每人可尝试不同工种,满足了人们公平感的要求;②富于变化,消除了工作中的厌倦情绪;③激发职工学习各种业务知识,有利于"通才"培养;④有利于发现人才,使人事管理富有弹性。当然,工作轮换要在职工具备一定的知识和能力的基础上,在保证工作质量和效率的前提下进行。

3.增加服务方式,变被动服务为主动服务。采用多渠道、多层次、多方位的服务方式,如办书展、办刊物、设宣传栏、追踪定题、设读者档案、书评介绍、社会宣传、情报分析研究等,将图书馆办得更开放、更全面。丰富多彩的服务形式,既可增加人们的工作兴趣,又展示图书馆的价值,从而激发职工更大的工作热情。

4.增强工作的完整性。这里包含两个方面的意思:其一,提高工作人员对图书馆工作全局的了解,增强其对图书馆工作流程的认识,使职工开阔职业视野,并认识自己的工作虽然小,但在整个事业中不可缺少,以增强其工作的动机性。其二,适当增强实际工作的相对完整性,使职工能在一个相对完整的单元里工作。如流通服务,可以一个工作人员独立完成索书单→找书→出纳工作的全过程,使之最后欣慰地面对读者满意的笑容。有些馆分工过细,像工厂的流水线,而职工则像机器上的一颗颗螺丝钉,既感觉不到工作的趣味,又看不到自己的劳动价值。

5.工作结果及时反馈。了解个人工作成效是职工满足高层次需要的一个重要方面,尤其在知识分子云集的图书馆,这种需要更为强烈。E.杜拉克说:"知识工作者的激励依赖于他的有效性和他的成就,如果他的工作缺乏有效性,那么他对工作和贡献的承诺都必将幻无,他必将成为在办公室里消磨时间的人了。"在我们的图书馆里,有许多人因为看不到自己工作的价值而在那里虚掷光阴。所以,及时向工作人员提供工作效果的反馈是十分必要的。反馈既可以来自于他所干的工作本身,也可来自于外在的信息交流,前者需要工作本身有一定的完整性,后者则要求馆内管理建立一系列信息交流渠道,如:上、下级交流部门沟通、工作考核、读者意见等。

（三）改善工作环境

工作环境的好坏直接影响人们的工作状态,图书馆的工作环境大体可分成自然环境和社会环境两种。

自然环境是指组成图书馆环境的一些物理因素,主要包括声音、色彩、光线、温度、建筑、劳动工具等。我国图书馆由于经费缺乏等原因,物理环境大多不是十分理想。但新近落成的图书馆比较注意了这个因素,如北京图书馆在建新馆时就考虑到图书馆自然环境的问题,使得建筑宏伟美观,色彩柔和协调,光线充足明亮,甚至对于空间的分布、家具的款式、工具的设计等给以精心的考虑,整个图书馆呈现一种高雅、文明、舒适的气氛。有些馆还超过了北京图书馆的水平。在可能的条件下创造更好的自然环境是应该尽力争取的。

社会环境是人们在自然环境的基础上所创造出来的人工环境,包括一般社会环境和特殊社会环境。前者是指全社会的政治法律制度、经济状况、社会文化水平等,优越的一般社会环境可以从宏观上推动图书馆事业,使工作人员精神饱满地投入工作;特殊社会环境是指图书馆内的人为环境,如决策科学化、管理合理化、章法齐全可依、人际关系和谐等,富有进取精神的图书馆环境即可保持馆员愉悦轻松的心态,充分发挥其能动性。

（四）制定明确目标

目标是人们行动的尺度和标准,是激励人们努力奋进的外在动力。对成长和成就、责任和赞赏的需要,是人的个性心理特征的一部分,这种需要能够通过目标的实现得到满足。目标会促使人去努力,努力使人获得成绩,成绩使人自信自尊,而自信自尊又使人产生更大的责任感,从而提出更高的目标,这样循环不已,就会推动事业的前进。

图书馆管理者应当使职工心目中具有明确的工作目标,明确的宏观目标可以使职工看到图书馆工作平凡,但其价值是崇高的,我们不必妄自菲薄,自我轻视;而微观目标的明确将宏观目标化为现实行动,使职工将远大的理想融入勤勉踏实的工作中,这种目标是通过各种实际工作和管理措施来明确的。在此过程中,应注意以较高的期望值来带动职工的工作绩效,把组织目标与个人目标结合起来并努力实现。不仅要让工作人员知道组织的目标,并提供参与实现这些目标的条件,而且要以某种方式给予职工确认其个人目标的条件,使其个人目标在事业的范围内有可能实现,这样才能够有效地调动职工的积极性,促使组织目标和个人目标的同时完成。要使组织目标与个人目标达到一致不可能一次完成,有一个反复调整过程。在这个过程中,管理人员既要考虑组织的利益和发展,制定和宣传组织目标,又要顾及职工的情绪和愿望,帮助职工修订个人目标,尽可能与组织目标结合起来,这完全是可能的。在图书馆界,许多同志在平凡的岗位上把组织目标与个人目标结合起来,使事业得到发展,个人也取得成就,这样的实例是不少的。

(五)建立深厚情谊

人是需要感情和友谊的,希望生活在一个团结友爱的群体之中,即所谓天时不如地利,地利不如人和。情谊是通过日常的工作和生活逐渐积累的,如果大家都能平等相待,做到相互关心,相互尊重,满足员工对群体的归属感,心甘情愿地为实现组织的目标贡献力量,这样的环境能留住人,激励人。人们常说,虽然钱少,工作辛苦,但我舍不得这里的人。还有人说,虽然那里待遇好,但关系紧张,人心涣散,要我去也不去,就是这个道理。许多人表示,他们工作在图书馆,对名与利并不抱太高的期望,唯独眷恋那种感情上

106

的和谐。因此,满足图书馆员的感情需要是一种重要的激励手段,管理者应该清楚地认识到这种感情的需要,真正体贴下属,"苦兵之所苦,乐兵之所乐",与大家打成一片,在态度上待人真诚热情,平等尊重;对职工的个人意见多倾听,多理解;赞扬与鼓励宜多,而且大张旗鼓;批判与惩罚宜少,宜单独进行;了解下属,关心下属,尽力为他们排忧解难,譬如在职工生日时致以诚挚的问候,在职工生病时给予热情的关怀,重视职工福利,解决好食堂、托儿所等后勤问题,为职工解决某些个人困难等。总之,要让职工感到自己是被重视、被关怀的,对于组织有一种归属感。

气顺才能心齐。要做到气顺,处理事情公平合理是非常重要的。人是生活在社会之中的人,社会是千姿百态的,人们总喜欢将自己的境况(职业、工资、职称、住房、奖金等)与他人比较,这里所说的"他人",既可以是同一单位中与自己相仿的他人,也可以是外单位的他人,其实是一种社会比较。激发动机的过程,实际上就是人与人之间互相比较的过程。通过比较,如果发现自己的境况与其他相仿的人基本相等,则心理上产生公平感,因而心情舒畅,工作积极性就高。如果认为不公平,就会失去心理平衡,从而减少"投入",影响积极性的发挥。图书馆在工资、职称、住房、奖金等问题上经常发生一些风波,产生一些后遗症。本来是好事但没有完全办好,关键在于是否公平。无数事例表明,管理者大公无私,依法办事,一视同仁,公平合理,就会得到群众的拥护,即使有个别不讲道理者,大家自有公论。如果为了自己的私利或个人的好恶随心所欲,势必怨声载道,不得安宁。值得注意的是,我们讲公平,不是实行绝对平均主义,对于将这两个概念混淆而产生情绪的人要做工作,使他从自己的认识机制上降低这种不公平感,通过自我心理控制恢复平衡。

至于将图书馆工作与其他行业比较,情况就更复杂。图书馆工作者与教师一样,是一个崇高的职业,但它应有的地位和作用目前还没有得到人们的认识和社会的承认,社会分配不公现象的存在,使图书馆界受到很大的冲击。在这种情况下,特别需要提倡为图书馆事业献身的精神,自强不息,奋斗不止,用自己的服务创造社会的依赖,由社会的依赖导致社会的重视,求得人心的稳定和事业的发展。同时也要看到,由于图书馆事业的性质决定了它在社会上的地位,我们要面对现实,改变比较对象,与那些待遇相等甚至更差的行业相比较,以求自慰达到心理平衡,在平凡的岗位上为社会作出自己的贡献。

(六)积极开展培训

人有一种取得成就的需要,也就是人有一种希望自己在工作中或事业上做出成绩,取得成就的心理倾向。成就需要可以通过教育加以培养,对员工不能只使用不培训。因为任何人的知识和技能不可能终生够用,要不断补充新的营养,只有不断学习新的知识和技能,才能适应形势的发展。

图书馆员的成就需要也不是千篇一律的,个人的素质要求不同,对成就需要的程度有强弱之分。有的希望取得某个层次的学历,有的满足于能胜任工作,有的则希望取得引人注目的成就。管理者对每个人都有培训的责任,让员工有学习的机会,当他感到可以获取更多的知识,有着更开阔的前景时,对他是一种激励。至于培训的内容方式、程度可以因人而异。一般来说,有职前培训、岗位培训、骨干培训、提高培训等。当然,还要与工作相结合。

要给员工创造更多自我实现的机会,卡耐基曾经说:"光用薪水是不能留住员工的,工作本身的竞争以及自我表现的机会才是每个成功者所喜爱的。"图书馆工作人员大多受过专业训练,他们希望图书馆提供更多的自我实现机会。对此,图书馆可以采取以下措施:①活跃研究气氛,采取官办民办相结合的方式组织各种专题研究小组;②由学有所长的人开设各种专题讲座;③为有研究成果的人举办学术研讨会；④出版内部刊物，为本馆研究成果提供发表机会；⑤开展专业技术比赛；⑥活跃民主气氛，鼓励职工参与管理等。

图书馆除了普遍开展培训工作外，还应特别注意对那些有强烈成就需要的人进行培养，根据美国哈佛大学麦克利兰教授的研究，这些人有以下特点：

1. 事业心强，在工作中敢于负责，敢于寻求解决问题的途径。

2. 有进取心，也比较实际，敢冒一定风险，但不是冒险家。

3. 把个人的成就看得比金钱更重要，在工作中取得成功，从中得到的乐趣和激奋，胜似物质的鼓励。

4. 他们是进取的现实主义者，能时刻密切注意自己的处境，要求不断得到反馈信息以了解自己工作和计划的适应情况。

在图书馆界，的确有这样一批人，他们是图书馆的骨干，也是图书馆界的精英。管理者要善于发现和培养这样的人才，在一个图书馆，是否拥有这种人才，是做好图书馆工作的重要因素，这样的人才越多，图书馆事业就越兴旺发达。

（七）增强凝聚力

凝聚力是指群体对所有成员吸引的一种力量。一个群体凝聚力强，大家觉得成为该组织的成员感到自豪，心甘情愿地为实现组织目标而奋斗，这就是一种激励。

就当前图书馆的实际状况来看，其凝聚力由弱到强大致可分为以下层次：

1. 成员归属层次。这是最基础的组织观念和集体意识的层次。当一个人被图书馆接纳为正式成员之后，他的头脑中就开始树立"我是图书馆的人"这样的意识，这一层次的凝聚力形成图书馆最广泛的人员基础，但它仅是一种最低层次的、松散的凝聚力，成员在这一力量之下仅限于权利和义务，而不追求更多的进取。

而且,由于对其他问题认识模糊,成员易于产生一种简单的盲从心理,譬如,当本馆职工与读者发生冲突时,图书馆的人往往不分情由首先站在本馆职工一边,其理由很简单:"我们都是图书馆的人嘛!"

2. 利益共济层次。图书馆成员不仅在组织关系上,而且在利益上形成与图书馆同舟共济的认识,以至于建立"馆兴我兴,馆荣我荣"的观念。这种凝聚力有一定的激励性,但由于其出发点首先是个人,由个人推及图书馆,所以易为个人利益所左右,当两者目标发生剧烈冲突时,甚至会弃馆而去。

3. 情感一体层次。图书馆员在长期的工作中,与图书馆感情交融,形成情感一体的意识,达到"爱馆如家","以馆为家"的高尚境界,这是图书馆凝聚力的升华。具有这一层次凝聚力的馆员往往将对图书馆的感情渗透到日常的一言一行之中,能够与图书馆患难与共。但这一层次的凝聚力带有强烈的感情色彩,有时带有一些盲目性。譬如,在图书馆工作了几十年的老职工在感情上有时不能接受新时期图书馆改革等。

4. 忘我献身层次。这是图书馆凝聚力的最高层次,成员对图书馆事业怀着崇高的感情,对其目标和发展规律有明确的认识,以整个的心身投入到事业中去。

影响凝聚力的因素是很多的。首先图书馆领导者的良好素质和个人威望对群体凝聚力颇具影响,深孚众望的领导人往往像一颗磁心那样将组织成员紧密地团结在其周围。其次是图书馆群体的成员,主要表现在两个方面:一是成员的觉悟,如果成员觉悟高,识大体顾大局,群体易于形成凝聚力;二是成员的相似性,一般来说,群体成员如果在人性特征、需求、兴趣、认识等方面相似性越高则越易于凝聚在一起完成共同的目标;再次是图书馆文化的导向,图书馆的价值、目标、行为准则及其他文化成分是否具有感召力,也对图书馆的凝聚力产生影响。试想,如果图书馆文化不具备优异的特质,信仰和精神成为一纸空谈,图书馆形象不佳,图书馆凝聚力又从何谈起呢?如果图书馆的整体目标与个人目标方向一致,自然易对馆员产生吸引力,从而形成强大的凝聚力。另外,当一个群体遭到外界压力时会群起自卫,互相保护,紧密地团结在一起抵抗外部的压力。

(八)引入竞争机制

竞争是指个体或群体通过自我潜力的挖掘,努力创造超过他人或群体的优异成绩。传统的观念总是将安宁与平静视为图书馆的一大优势。事实上,这种过分的平静可能为图书馆埋下危机的根源。在馆内,分配制度上的大锅饭、用人和评职上的论资排辈,使得图书馆优秀人才被埋没,而部门之间满足于懒散的相安无事;在馆外,图书馆以一种"独此一家,别无分店"的优势心理对待读者,在工作质量上不求改进,在服务态度上不思优化。这种状况不利于图书馆事业的发展。只有引入"竞争机制",才有利于图书馆增强凝聚力,有利于人才的锻炼和培养,有利于改进工作,有利于加强科学管理,有利于事业的发展。总之,竞争具有巨大的激励性。

图书馆竞争,从范围层次上讲,主要分为内部竞争和外部竞争。

图书馆内部竞争主要是指图书馆内个体之间和部门之间的竞争,这种竞争既利于使优秀的个人和群体脱颖而出,又利于在馆内造成一种争先恐后的激励环境。要使图书馆的竞争真正名符其实,必须坚持以下原则:

1.平等原则。平等是竞争的基础和条件,也正是竞争所要弘扬的精神。据此,在竞争机制的引进和实施中必须坚持:凡符合规定条件的人员均有机会参与竞争,对所有参加竞争者在程序、标准上一视同仁,那些按学历、论资格、讲权势、凭印象的旧观念必须彻底废除。

2. 公开原则。公开是平等的保证,在公开比较、公开选择的基础上形成一种公开的制约,使某些不正之风难以盛行。因此,必须打破神秘化的做法,不仅要把竞争的标准、条件、办法公布于众,竞争的过程和最后评审也必须在馆员监督之下进行。

3. 整体性原则。竞争之所以是一种建设性冲突,是由于它的最终目标是促进整体发展。因此,在订立目标时,要协调全馆、部门与个人的目标;在选用人员时,不仅个体择优,而且要优化整体组合;在人际关系上,要注意全局的协调沟通;在竞争时,还要不忘协作。总之,整个的竞争行为以整体发展为宗旨。

馆外竞争是指图书馆之间及图书馆与其他信息部门的竞争。主要包括:

1. 文献搜集的竞争。文献是图书馆用于满足读者需求的基础,拥有丰富而实用的文献,就拥有了强大的实力。但由于经费有限,文献价值上涨,在搜集文献时,抛弃"大而全,小而全"的传统陋习,更多考虑文献的针对性、实用性和经济性,用有限的经费,搜集更多的读者需要的文献。

2. 文献传播的竞争。这种竞争通过图书馆服务的质量和方式体现出来,而且它与图书馆的社会效益与经济效益直接挂钩。为争取这方面竞争的优势,图书馆应该通过各种方式大力开发信息资源,走出馆门主动服务,并发掘潜在用户,努力提高服务质量,以吸引更多的读者和用户。

3. 人员的竞争。各种内容与形式的竞争,归根结底是人员的竞争,图书馆能否吸引、培养和珍惜人才是能否具有竞争力的关键。

(九)实行合理的奖惩

奖励和惩罚都是一种激励。奖励的目的是为了激励工作人员

112

完成任务的自觉性、积极性和创造性,鼓励先进更先进,后进赶先进。惩罚是为了明辨是非,克服消极现象,维持正常的纪律与程序。奖励有物质奖励和精神奖励。

1. 物质激励

图书馆的物质激励主要是工资、奖金和实物三种,在当前图书馆生活需要比较迫切的情况下,物质不失为一种有效的激励源泉。

(1)工资激励。工资首先是一种"保健因素"。如果没有工资,职工的工作意愿恐怕大打折扣。那么,工资能否成为一种"激励因素"呢? 这取决于工资与工作成绩是否挂钩。要使工资具有激励作用,就一定要使图书馆的职工相信工作绩效越大,获得的工资也就会越多,而不是旱涝保收。当工资的高低反映了成绩好坏时,它不仅能满足生活需要,而且能赢得大众赞赏,那么激励作用就易于体现出来。图书馆的工资是通过岗位责任制等具体措施实现的,要强化工资的激励作用,就必须完善管理制度,并严格认真执行。职称是与工资挂钩的,在同等条件下,应该让表现更好的人员优先晋升。在我国,国家对于职工的调资有某些统一规定,因此,图书馆在工资分配上的自主权不大,普遍调资也不足以产生巨大的激励作用。但是,图书馆仍然可以在国家政策允许的情况下,在馆内设立某些工资津贴。如给工作出色的职工增加工资津贴;给一些特别辛苦繁重、条件差的岗位增加一些津贴等。

(2)奖金激励。奖金,顾名思义是作为奖励的金钱。有的馆长认为图书馆的奖金本来数量很少,马马虎虎平分算了,这就等于完全取消了图书馆原本珍贵的奖金激励。在一些图书馆平均每人每月只有几元钱的奖金,但也认真对待,按成绩大小区别发放,结果证明奖金是产生了较好的激励作用的。有人说,不是几块钱的问题,拉开了差距,就表示了区别。有人想,少拿几块钱说明我工作落后,不好意思,马上赶了上来。

(3)实物激励。以实物形式对职工的良好行动给予奖励,它具有与金钱激励相同的性质,但又有着金钱激励不同的效果。它形式多样,单位可灵活发放,满足职工不同需要,而且,比金钱更具一种象征意义,在图书馆这样的清水衙门里尤其适用。几元钱的奖金对职工来说也许微不足道,但若用几元钱买一些纪念品,发一张奖状或奖章,职工就会非常珍惜这项荣誉了,它同时具有物质与精神激励的效果。

2. 精神激励

人是应该有点精神的。精神激励可起到物质激励起不到的长远作用,在一定条件下还有决定作用。

(1)表扬。表扬是我们传统的精神激励方法,对于职工的良好表现有强化的作用。例如,通过评先进、树标兵、表扬典型人物等,使得"一花独秀"引来满园春色,这就是激励。

(2)业务职称的晋升。图书馆人员的业务职称是他们的业务水平、经验、贡献大小的综合评价,能为图书馆人员赢得较高的社会地位和尊重,而且与工资、住房等物质待遇挂钩。因此,对工作人员具有极大的吸引力,起到激励作用。职称评定也存在一些问题,以至于图书馆界流行一种"职称综合症"。因此,图书馆应该慎重地对待职称评定,使之真正成为激励因素而不是矛盾源泉。在评定时应全面考察政治表现、业务技能、工作业绩、学术水平,而不应论资排辈。

(3)行政职务的晋升。行政职务是工作人员权力、责任、机会的体现,是社会地位的一种标志。因此,行政职务的晋升也是一项有效的激励因素。应该将德才兼备、有管理能力的人员提拔到领导岗位。特别要注意年轻人的提拔。条件基本成熟时不提拔到适当的岗位,不利于人才的培养,也不利于事业的发展。

在实行奖励时,有时会出现有人不愿当先进的情况。为什么呢? 不是人们不愿当先进,而是一些人讽刺挖苦先进人物,出现"枪打出头鸟"的歪风邪气。面对这种情况,领导者要挺身而出伸张正义,用各种方式宣传先进人物的事迹,造成强大的声势,形成学习先进的环境,这个问题就自然解决了。

当我们强调奖励的重要性时,不能忽视惩罚的必要性。管理者正确使用惩罚权与使用奖赏权一样,是构成管理者领导威望与影响力的权力基础之一。对那些违反纪律和屡教不改的人必须采取惩罚办法。有一个阶段,北京图书馆连续发生打架甚至打读者的现象,馆领导对责任者根据情况严肃处理,有的给予留馆察看,很快刹住了这股歪风,以后基本没有发生类似的事件。这就是惩罚的作用。

实行奖惩是一个政策性很强的工作,关键在于掌握正确的原则:①有明确的标准和条件,避免随意性。②赏罚分明,有功则赏,有过则罚,不能随心所欲,因人而异。③不能滥用奖惩,奖励是"奖一励百",惩罚是"惩一儆百",先进太多就没有先进,惩罚过多则法不责众。

四、图书馆激励的艺术

图书馆的激励方式多种多样,每种方式的实际效果也各不相同。同一种激励制度,以不同的方式进行,其效果也许大不一样。因此,图书馆管理者必须讲求激励的艺术。

(一)物质激励与精神激励相结合

就当前图书馆状况来讲,物质激励如果用得好,效果是不错的,但它毕竟是一种短期的、不稳定的因素,使用不当还会起相反的作用。据调查结果反映,大部分图书馆员认为,在物质条件基本满足的情况下,精神需求才是他们持久而内在的工作动力。所以,图书馆必须坚持物质激励与精神激励相结合的原则。不少馆长抱怨图书馆人员积极性不高是由于图书馆穷,奖金少,这也许是原因之一,但却不是唯一的和最重要的原因。物质激励无论多少,都要寓情于物,寓关怀于物,使职工在获得实惠的同时感受到馆里的关怀、期望与鼓励。

(二)激励应该因人而异,因馆而异

激励的起点是满足职工的需要,而图书馆职工的需要是多层次的。激励只有满足了职工的迫切需要才能达到良好的效果,否则,还可能适得其反,如有的职工追求工作的稳定性,那么工作轮换就不能作为一项激励手段了。国外有一种"自助餐式"的激励制度,即由职工自己选择他自认为合适的激励,这种激励方式如果协调得好,效果是好的。

(三)以集体激励为主,突出个人为辅

图书馆的劳动有些不易作明确的划分,劳动成果需要同志间的相互配合,所以宜于采用集体激励。同时,中国传统文化中存在一种"枪打出头鸟"的心理,"木秀于林,风必摧之"。过分突出个人,不仅给个人造成沉重压力,也引起组织中的各种矛盾。因此,集体激励更适合于我们社会的心理承受力。

(四)激励面要广

心理学家认为,一般人都有出人头地的欲望。图书馆在激励时,应当面向大多数,使他们感到自己是成功者,从而保持良好的行为状态。对此,图书馆除了适当制定标准,推行集体激励外,还可以有针对性地设立不同的奖励项目,如研究成果奖、管理奖、最佳服务态度奖、最佳业务能力奖、综合奖等。这样,图书馆中凡有一技之长的人都可以找到表现的机会,都可以发掘自己的潜能。

（五）激励要有差别性

我们强调图书馆激励面要广，但并不意味着搞"大锅饭"、"一刀切"，而要在广泛的面上注重程度的差别。现代心理学研究表明，图书馆职工接受奖励时不仅关心绝对值，而且关心奖励的相对值，透过相对的比较了解领导对自己的评价，估计自己在图书馆中的实际地位。因此，奖励并不在数目的多少，而在于给予的方式和形成的差别，也只有通过有差别的激励，才能真正体现公正的原则。

（六）奖励要具有社会性

图书馆员不仅寻求馆内的荣誉和地位，更寻求馆外的尊重和认同。因此，若能将对图书馆员的奖励推而广之，诉诸社会，那么产生的激励作用就将大得多，而且，形成相应的社会心理环境和压力，也将鼓舞其他的图书馆员。具体方式有邀请读者参加表彰大会、橱窗和图片宣传、向电台报刊投稿介绍、努力为优秀图书馆员争取图书馆以外的有关部门的奖励，图书馆事业的行政管理机构也可以设行业的荣誉称号，并颁发永久性奖章等。

（七）坚持思想政治工作，激励持久的内在工作动机

正确的价值观和人生观一旦形成，就会持久地影响和支配人的行为。因此，在图书馆实施激励管理的同时，还必须加强政治思想工作。抓对于图书馆工作意义的认识，抓全心全意为读者服务的思想。只有这样，才能引发员工长久的、内在的工作动机，否则，在错误的思想基础上，任何激励手段只能得到不良后果。

第七章　领导论

一、领导的概念

领导是一个众所皆知的名词,但什么是领导,至今还没有一致公认的定义。这是因为,领导既是令人瞩目的社会现象,又有其自身的复杂性,人们对其界定表达更是五花八门,莫衷一是。从中文字义上分析,一般来说,所谓领导可以解释为率领、引导的意思。英文中,Leadership 的意思是引导、带领,指的是一种活动和行为。总的来说,领导是一个多义词,名词或动词都可,名词的领导是指领导者,动词的领导则指领导活动。

西方管理学者对领导的含义各执己见,有的认为领导就是统治,有的认为领导就是权力,有的认为领导就是管理。以下是几种有代表性的说法:

1. 领导是对一个组织起来的群体为确立目标和实现目标所进行的活动施加影响的过程。

2. 领导是影响人们使之跟随者完成某一共同目标,是促使部属充满信心,满怀热情地完成任务的艺术。

3. 领导是影响人们为群体目标而努力的一种行为,领导是一个人向其他人施加影响的过程。

4.领导是指引或影响个人和组织,在一定条件下实现某种目标的行动过程。

马克思主义经典作家对领导的含义理解是建立在领导的二重性即自然属性和社会属性的基础上的,并且有许多精辟的论述。综合起来包括三方面,即领导的本质是集中代表人民群众的利益和意志,领导的一般含义是率领和引导群众前进,领导的组织观念是建立在民主基础上的权威。领导就是服务,这是无产阶级领导观的核心,在现代社会主义领导观念体系中起着支配和决定的作用。

一般认为,领导实质上可以看成是一个动态过程或行为过程,这个过程是由领导者、被领导者和所处的环境三个因素组成,用函数表示就是:

领导 = F(领导者,被领导者,环境)

二、图书馆领导的概念

图书馆的领导就是领导者在一定的社会环境中组织和指引工作人员履行图书馆职能的行动过程。

1.图书馆领导是一个社会组织系统。这个系统由图书馆领导者、被领导者和环境三个要素构成。图书馆领导者是在图书馆处于组织、指挥和协调地位的人们,微观是指一个图书馆的馆长、副馆长,宏观是指整个图书馆事业管理体制中的领导人,在领导活动中,他们处于中心的地位。被领导者就是全体工作人员,即从事图书馆具体实践活动的个人和群体,他们按照领导者的决策和意图,履行图书馆的职能,实现图书馆的目标,他们是实现图书馆职能的基本力量。环境是指独立于领导者、被领导者之外的客观存在,是对领导活动产生影响的种种因素的总和,包括图书馆的内部环境和外部环境。领导者只有正确认识环境、适应环境、利用和改造环境,才能正确实现预定目标。因此,这三个要素缺一不可,相互结合形成有机的系统。

2. 图书馆的领导是一个动态的行为过程。图书馆领导的三个要素构成两对基本的矛盾:一是领导者与被领导者的矛盾;一是领导活动主体(领导者与被领导者)与领导活动的客体(环境因素)的矛盾。领导者与被领导者的关系,从最一般的意义上讲,是权威和服从的关系,实质是实现领导的基础,领导者的指引要通过被领导者的行动来实现。客观环境具有自有性与为我性二重特征,领导活动主体作用于客观环境的过程,表现为客观环境由"自在之物"不断地转化为"为我之物"的具体过程。

图书馆领导的本质是由图书馆领导的双重属性决定的,即由自然属性和社会属性决定。图书馆领导的自然属性是指在图书馆领导活动中普遍的、共同的规律,即无论什么社会制度,图书馆事业都普遍存在并需要解决的问题。

图书馆领导的社会属性是体现一定社会生产的本质特点的具体属性。领导活动是一个具体的历史范畴,在阶级社会里,领导的本质为一种阶级统治的关系,从封建藏书楼到人民大众的图书馆,其间的漫漫长路给领导活动打上了阶级的烙印,社会属性是变化着的,限定着图书馆领导的特殊性或具体性。图书馆领导的双重属性并不是说存在着两种领导活动,而是同一领导活动中具有两方面的属性,任何领导活动都是自然属性与社会属性的统一,而社会属性占主导地位,并决定着领导的本质。

社会主义初级阶段的中国图书馆领导的本质是由中国特色的社会主义民主政治要求和生产关系决定的。毛泽东一贯倡导"为人民服务",邓小平提出:"什么叫领导?领导就是服务。"一针见血地揭示了领导的本质。图书馆的领导本质也是服务,服务于广大读者,服务于图书馆事业,服务于社会,服务于馆员。

三、图书馆领导者的素质

图书馆领导者就是我们通常所讲的馆领导,他们在图书馆处于中心的地位。领导者的素质、能力和作风对图书馆的工作和形象有直接的影响,有时甚至有决定性作用,因此选拔和配备图书馆馆领导是发展图书馆事业的重要课题。

素质是领导者从事领导活动所必须具备的基本条件,既包括先天的禀赋,又包括后天实践中学习而成的总和。图书馆领导者的素质指的是为达到实现图书馆职能所要求的水平与所做的自我努力过程,也是自身客观条件和主观因素的优化组合过程。客观条件指领导者带有稳定性的品德、知识、才能、体格的情况,主观因素是指领导者自觉提高水平的思想和行动。

选择什么人当馆长,并没有明确的规定,对馆长应当具备的条件,大家在探讨之中,一般说来,一馆之长,应具备以下的素质。

(一)品德素质

司马光说:"才者,德之资也;德者,才之帅也。"没有才能的人固然不能当馆长,多才少德的人更不能当馆长。馆长的品德影响其才能的发挥,影响干群关系,影响图书馆事业的兴衰。作为图书馆馆长,除了领导者所应具备的一般品德外,有两点特别重要。一是要有事业心和责任感,要愿意从事和热爱图书馆工作,认清图书馆在社会发展中的作用和地位,认清馆长的职责。有了这个基本认识,才能对事业执着,产生历史使命感、主人翁责任感和时代紧迫感,才能在工作中兢兢业业,励精图治,总结和探索图书馆工作的规律,带领大家为实现目标努力奋斗。二是要有奉献精神。奉献精神是事业心的升华,图书馆是公益性的服务单位,由于职业特点和历史造成的种种原因,图书馆社会地位没有得到应有的尊重和重视,加之又是清水衙门,当图书馆馆长确实需要耐得住寂寞,安贫乐道,乐此不疲。馆长要淡泊名利,公而忘私,要有追求事业的干劲和韧劲,要能忍受委屈和误解,能忍受挫折和失落。

(二)知识素质

图书馆馆长应具备某种专业知识,当然不同类型的图书馆对专业知识有不同的要求,在此基础上,应有较广博的文化科学知识。因为是从事图书馆工作,应具备图书馆学、情报学的专业知识。专业知识是开展业务工作、管理业务人员的基础条件,对业务一窍不通,是难以搞好管理工作的。在现代图书馆的条件下,馆长最好能懂得一些计算机的基本知识。

(三)能力素质

能力是馆长的知识、智慧在实践中的体现,包括业务能力和管理能力两方面。

具备业务知识不一定具备业务能力,业务能力应是业务知识与工作的经验的总和。馆长的业务能力不是从事某项具体业务工作,而是能根据图书馆工作的要求,总结业务工作的经验和规律,制定相适应的规章制度,使业务工作走向规范、科学的轨道。

馆长必须具备管理能力。一个著名的学者不一定是一个优秀管理者,一个业务尖子也不一定能当好馆长。馆长的管理能力除一般日常行政和业务的管理能力外,还表现为决策能力和社会活动能力。馆长要有灵活的头脑,有预见性和洞察力,才能在错综复杂的情况下独具慧眼,既能洞察本馆的优势、劣势,又能预测图书馆的发展方向和未来可能出现的问题,并且多谋善断,有坚韧不拔的毅力和旺盛进取的精神,敢为人先,敢于开拓。

社会活动能力其实就是公关才能,馆长除了要团结本馆群众之外,更需要在与图书馆有关的上级单位和同行中有较强的活动能力和良好的人际关系。市场经济体制下,开拓型的经营管理能力也是馆长应具备的能力之一。

(四)体能素质

馆长的体能素质是发挥其他素质的前提条件,没有胜任本职工作的身体条件,不仅个人痛苦,对工作也是损失。

四、图书馆领导者现状分析

为了解我国图书馆领导者的概况,根据 1989 年 12 月南京大学出版社出版的《中国图书馆馆长名录》中的公共图书馆系统、科学院图书馆系统、高等院校图书馆系统图书馆的馆长概况进行了统计。

(一)公共图书馆系统概况

1. 2564 名图书馆领导者中,馆长有 1385 名,占 54%;副馆长有 1179 名,占 46%;男性 1940 人,占 76%;女性 624 人,占 24%。

2. 统计人数中,有 2171 人注明文化程度,其中硕士 10 人,占总数的 0.46%;本科 543 人,占 25%;大专 379 人,占 17.5%;中专 588 人,占 27.1%。

3. 有 938 人注明职称,其中研究馆员 26 人,占 2.8%;副研究馆员 101 人,占 10.8%;馆员 645 人,占 68.8%;助理馆员 166 人,占 17.7%

4. 有 553 人注明科研成果,共编著 5865 篇(册),平均 9.7 篇(册)/人。其中图书情报方面的论著有 2957 篇(册),占总数的 55.1%;其它方面的有 2408 篇(册),占 44.9%。

（二）科学院图书馆系统概况

1.57 名图书馆领导者中，馆长 39 名，占统计人数的 68.5%；副馆长 18 名，占 31.5%；男性 43 名，占 75.4%；女性 14 名，占 24.6%。

2. 统计人数中有 55 人注明文化程度，其中硕士 2 人，占 3.63%；本科 36 人，占 65.5%；大专 8 人，占 14.5%；高中 4 人，占 7.27%。

3. 有 34 人注明职称，其中高级职称 9 人，占 26.5%；副高级职称 17 人，占 50%；中级职称 8 人，占 23.5%。

4. 有 26 人注明科研成果，共编著 96 篇（册），平均 3.69 篇（册）／人。其中图书情报方面的论著有 47 篇（册），占总数的 49%；其它方面的有 49 篇（册），占 51%。

（三）高等院校图书馆系统概况

1.618 名图书馆领导者中，馆长 312 名，占统计人数的 50.5%；副馆长 306 人，占 49.5%；男性 560 人，占，90.6%；女性 58 人，占 9.4%。

2. 统计人数中，有 541 人注明文化程度，其中硕士 54 人，占 10%；本科 440 人，占 81.3%；大专 13 人，占 2.45%；中专 10 人，占 1.8%；高中 14 人，占 2.6%；初中 9 人，占 1.75%，小学 1 人，占 0.2%。

3. 有 413 人注明职称，其中高级职称 176 人，占 42.6%；副高级职称 187 人，占 45.3%；中级职称 49 人，占 11.9%；初级职称 1 人，占 0.2%。

4. 有 351 人注明科研成果，共编著 3886 篇（册），平均 11.07 篇（册）／人。其中图书情报方面的论著有 2551 篇（册），占总数的 65.6%；其它方面的有 1335 篇（册），占 34.4%。

124

上述情况表明,我国图书馆领导者的状况,从文化程度、科研成果、职称情况看,高等院校图书馆居于首位,科学院图书馆系统次之,公共图书馆系统略逊一筹。有些问题是值得探讨的。

1. 从性别看,女性馆长较少,特别是高校系统,只占9.4%,担任正职的就更少了,而在图书馆工作人员中,女性占大多数是大家共知的事实。造成这种状况的主要原因是目前各个领导阶层男性占据主导地位,加上传统观念的影响,在选择图书馆馆长时,上级领导和图书馆员容易把视野集中在男性身上,而对女性有所忽视,引起女性馆员的不满和抱怨。根据目前就业的现状和将来发展趋势,女性在图书馆都是占大多数,培养和选拔女性领导者是不能忽视的问题,也是提高女性图书馆员积极性的措施之一。

2. 从任职年龄看,馆长最初任职平均年龄为56.9岁,近年来一批青年同志走上领导岗位,年龄有所下降。但总的说来,年龄还是偏大,在精力和体格上并不是最佳阶段。主要原因在选拔馆长时比较保守,对中青年人不放心,也有些人不愿让位。另外,有一些干部年纪大了,别处不好安排就让他到图书馆,这种作法不利于事业的发展,也不利于有才华有管理能力的中青年人员的成长。有关资料表明,美国馆长最初任职平均年龄为39.3岁,40岁以前任职的占总数的49%,也是美国图书馆事业迅速发展的原因之一。

3. 从任职期间看,馆长任职1—2年的占总数的25%,任职4年的占35—60%,任职7年以上的占25%。有些图书馆馆长像走马灯一样,任职时间太短,本人没有长期打算,也造成馆员人心混乱,影响工作,对事业不利。之所以频繁调动,是主管领导部门不了解图书馆是一个连续性很强的工作,不懂得图书馆工作的规律,把图书馆这样一个业务部门当作一般行政部门看待,有些人甚至认为图书馆馆长不算什么,可以任意调进调出,不是从事业的需要配备人,而是从某种需要安排人。为了事业的发展,图书馆干部队伍的相对稳定是必要的。

美国图书馆馆长平均任期为 12 年左右，40 岁以前任职，干 10 年左右，正是思想业务比较成熟，精力充沛的时期。

4. 从知识结构和工作经验看，我国图书馆馆长学文科的多。高等院校图书馆馆长所学专业多与本学校相同，文科大学的馆长学文的多，理工大学学理工的多。学习图书情报专业担任馆长的占 35.1％，说明大多数馆长并未在任职前接受图书馆专业知识的训练和从事图书馆工作的经验。而美国自 1974 年起，规定大学图书馆馆长必须是图书馆学院毕业的人员。目前，美国 2000 多所大学和专科院校的馆长全部是图书馆专业人员，都具有硕士学位。其他类型图书馆一般也是这样，而且图书馆要求从图书情报学院毕业的学生先到基层工作，特别是到读者服务部门工作，从有实践经验的人中选拔馆长，如果照搬美国的作法，显然不符合中国的国情，问题不在于学什么专业，而在于他是否具备馆长的基本素质，在符合基本条件的前提下，最重要的前提是是否愿意从事和热爱图书馆工作。许多馆长不是学习图书馆学专业的，也没有做过图书馆工作，但出于事业心和责任感，很快进入角色，工作做得有声有色。但有些人本来不愿意做图书馆工作，有的被迫到了图书馆，有的是"挂职"到了图书馆。有人也愿意到图书馆，但不是为了到图书馆工作，而是为了某种需要，如进行个人的学术研究，到图书馆用资料方便或为了安度晚年、图清闲等。这样的人当馆长，不愿意也不可能较深入了解图书馆的业务，不愿意也不可能兢兢业业做好图书馆工作，因为没有把图书馆作为他的事业。有些人当了几年馆长，还不知道图书馆的各个业务部门干些什么？甚至还不知道图书馆的职能究竟是什么？这种状况给图书馆工作带来的损失是可想而知的。可见，选派热爱图书馆工作、愿意致力于图书馆事业的人当馆长是起码的条件，在同等条件下，应当在馆内优先选拔有图书馆工作经验的人。

五、图书馆领导班子的结构

图书馆领导者是由数人组成的一个班子,人数的多少根据图书馆的性质与规模来决定。由于个人各有所长,各有所短,为了搞好图书馆工作,应该优化领导班子的结构。

(一)年龄结构

不同的年龄有不同的经历和智力,不同年龄层次对不同的范围有一定的影响力。一般而言,在一个领导班子中,一个完整的年龄结构,应由老、中、青构成,具有合理比例的综合体,并处于不断发展的动态平衡之中,这样才能按着人的心理特征与智力水平,发挥各自的最佳效率。就图书馆目前的情况看,主要问题是领导者年龄偏大,要注意班子年轻化的问题,当然也不能走到另一个极端,不能片面理解为青年化。

(二)知识结构

图书馆是知识的宝库,各种文献涉及多种知识,绝大多数人只能是专才而不是全才,只有将各种专才很好的组合,才能构成整体的"全才"或"通才",才能更好地做好图书馆工作。图书馆领导班子的知识结构,不同类型的图书馆有不同的要求,综合性的图书馆最好由文理及图书馆专业的人员组成,专业性的图书馆最好有懂专业的人员参加。考察一个人的知识水平,学历是重要的,但学历只代表一个人曾经接受训练的程度,并不能代表一个人实际工作的水平与能力。所以,学历也不是绝对的,要进行综合全面的考察。

（三）智能结构

像人的知识专长有差异一样，人的智能也有差异，不同智能的人合理组成领导班子能优化结构，发挥整体效能。在图书馆领导班子中，应有思想家、组织家和实干家。思想家能站在战略的高度出主意，具有开拓性和创造性；组织家能把各方面的力量组织起来去实现目标；实干家埋头苦干，具体落实，保证目标的实现。

（四）气质结构

人是有不同气质的，心理学通常把人的气质分为胆汁质、多血质、粘液质、抑郁质四种类型，各有特点。如果性格不合，志趣不投，总是内耗丛生，会影响工作。但一个群体里的成员都是同一气质类型，也不一定是好事，因为每一种气质类型都有长处和短处，如果合理搭配，则得到取长补短、相得益彰的效果。在工作中并不是没有矛盾与冲突的，而在于经过充分的协商取得共识，在行动上保持一致，形成一个团结的集体，才有战斗力。

六、图书馆领导的功能

图书馆领导的基本功能是组织功能和激励功能，领导者实现这两个功能的过程叫领导行为。组织功能属于管理科学的范畴，激励功能则是组织管理心理学所要讨论的课题。

（一）组织功能

组织功能是指为了实现组织的目标，领导者科学地组织工作或生产的过程。包含：

1. 根据图书馆内部和外部条件、需要和可能，制定图书馆的目标和对各种事务进行决策。

2. 建立科学的管理系统,合理地组织和使用人、财、物和信息等各种资源,保证图书馆目标的实现。

(二)激励功能

领导与追随是相联系的,人家为什么追随呢? 人们倾向于那些有能力满足他们各自需要的人。领导者的任务,就是鼓励人们切实地而又自愿地为完成组织的目标作出贡献,同时在这个过程中满足他们自己的需要。所谓激励功能,就是领导去影响和改变被领导者对组织目标的认识、态度和行为,从而为组织目标做出积极贡献的过程。

1. 提高图书馆员接受和执行图书馆目标的自觉性。组织目标与个人目标可能一致,也可能发生冲突,组织目标与个人目标一致性的程度对积极性有很大影响。领导者的责任就是创造一种环境,使员工意识到组织目标的实现,就是个人需要的满足,使组织目标与个人目标统一起来,从而提高接受和执行组织目标的自觉性,激发积极性。

2. 激发图书馆员实现目标的热情。图书馆员积极性的发挥,一方面取决于个人目标与组织目标的一致,另一方面又依赖于员工工作热情的激发和保持。热情从何而来? 有自身因素和外部因素,外部因素中,领导者的心理影响是个重要因素。领导者与被领导者之间,不仅存在工作关系,还存在感情关系。感情关系的存在,意味着心理上相互的影响是通过满足职工的合理要求实现的。因此,满足图书馆员合理的物质和精神需要,以便激发其积极性。

3. 提高被领导者的工作行为效率。为实现组织目标所做出的贡献,以及认识和态度不等于有效的行为,只是有效行为的必要条件。一个优秀的领导者,应当通过自己的有效行为给被领导者创造能充分发挥才干的条件,为组织目标的实现作出贡献。

任何领导者在行使领导职责的过程中都要兼顾组织功能和激励功能。管理心理学认为,激励功能是领导的主要功能。当前,许多图书馆的领导者大都重视领导的组织功能,许多群众也仅会用组织功能来评价图书馆的领导者,而忽视了领导的激励功能。一个领导者是否具有激励下属的能力,直接关系到领导行为的效能。事实证明,即使目标再好,组织再合理,管理再科学,如果领导者缺乏激励或不能很好地发挥自己的激励功能,就无法更好地实现组织的目标。

七、图书馆领导艺术

领导艺术是领导者运用科学理论解决实际问题的技能,其运用一般是因人、因事、因时、因地而宜的,既没有严格和固定的程序,又没有确定的模式,全凭领导者个人的聪明才智,是领导者实践经验的提炼和升华。领导艺术最能显示图书馆领导者的个性、风格、解决问题的灵活性以及阅历和经验,图书馆领导艺术是图书馆领导素质的体现。

(一)用人的艺术

首先是知人。要用各种方式对人进行考查,知人才能善任,识别人才是用人的前提和依据。考查人才应坚持全面的、历史的、辩证的观点,既坚持一分为二,又不能割断历史,以偏概全,要把握人的本质与主流。看一个人的表现,不在一时一事,而要注重实践检验,要在实际工作中发现人才和重视实际工作中的业绩。尽量避免被主观印象蒙蔽,被夸夸其谈、能说会道的假象所迷惑,特别要注意两面三刀的两面派人物。要注意挖掘潜在人才,图书馆里有不少人才,但不在其位不能显现出来施展才华。把真正的人才挖掘出来,做到既不屈才,又不识错才,独具慧眼,要有对人才的高度鉴别力和判断力。

其次是用人。德才兼备是用人的唯一标准,人才用得好,事半功倍,用得不好,内耗丛生,甚至造成不安定因素。要量才任职,职能相称,把人放在与其能力相适应的位置上。而且,"兵贵于精",这样可以减少内耗和攀比,提高工作效率。

用人要扬长避短,各尽所能。宋代政治家王安石主张"取其长而不问其短"。有些人优点很突出,缺点也突出,甚至出现才干很高,但缺点也很明显的现象。有的人业务水平高,但脾气不好;有的人外语水平高,但缺乏管理才能;有的人显示出较好的管理才能,但学历较浅。总之要用人所长,避其所短,方可收到良好效果。对下属要充分信任,要培养他们独立工作的能力,帮助他们在群众中建立威信,鼓励他们敢想、敢说、敢干,在创新中做出成绩。对犯过错误的下属不纠缠旧账,不歧视、疏远;对下属一视同仁、以诚相见、团结合作。

(二)处事的艺术

图书馆领导者有各种事务需要处理,有些馆长井井有条,卓有成效;有些人忙忙碌碌,事倍功半;有的甚至搞得精疲力尽,不知所措。为什么会出现这样的情况呢? 主要在于处事的观念和方式不一样。

作为馆领导要抓大事,对本馆发展的方向和规划以及重大问题进行决策,解决重大问题。有些馆领导认为自己是一馆之长,什么事情自己都要管,眉毛胡子一把抓,事无巨细都要自己过问;下面也形成习惯,什么事情都找馆长。这样一来自己累得要死,还吃力不讨好。因此,要明确职责,各守其职,各尽其责。对各部(组)工作不越级指挥,不包办代替,让他们在自己的职权范围内充分行使自己的权利,发挥积极性。有时同一件事情,处理方式不同,效果大不一样。在处理各种事务的过程中运用不同的方式方法,这也是艺术。

(三)运用权力的艺术

图书馆领导者的权力是领导者担任馆长、副馆长的职位而获得的具有法律效力的职权,其范围有行政上的决策权、业务上的指挥权、人事上的任免权、经费上的使用权、奖惩上的审定权等。合法地运用权力,也就是馆长对下属进行权力性影响的过程,领导者有权对下属发出行政命令,下属必须服从。

馆长作出决定、下达命令,是建立在行政权威以及下级服从的基础之上的,下级知道如果不服从命令会受到批评和惩罚。但服从命令并非一定就"心服",权力运用不当会带来消极后果。因此,在作出决定、下达命令前要慎重地进行调查研究,听取各种不同意见,做好宣传,让有关人员在思想上有所准备,在认识上取得一致,这样才能收到较好的效果。而且运用强制性权力并非意味着依靠简单的行政命令发号施令,当分配新的工作任务或调换下属岗位时,以商量、体贴的语气征求意见,讲明原因会使下级更易接受。但是,这样作并不等于优柔寡断,当断不断会贻误时机,议而不决,决而不行,在原则问题上摇摆不定或丧失立场,都会给图书馆工作和领导的威望带来极大的损失。馆领导要相宜授权,把一部分权力放给部门负责人,这样既能发挥他们的聪明才智,增加图书馆的凝聚力和活力,又能使馆长从琐碎事务中解脱出来,专心致志地处理图书馆全局性的重大问题。但授权不是交权,也不是大权旁落,授权有几个原则必须坚持,即视能授权、逐级授权、明确职责和控制监督。

馆领导的威望和影响力,既包括由行政命令赋予的权力因素,如职务、地位等,又包括自身的非权力因素,如能力、学识、作风、性格、见解等。现代管理中,人们愈来愈重视领导者的非权力因素,尤其在图书馆这样一个知识分子密集的环境里，人们崇尚知识、讲求成就、珍重感情，领导的非权力影响往往使人们发自内心地自然接受，因此，作为一个有号召力的图书馆领导，必须是德、才、情三者兼备的领导。

这种影响力是在馆长个人品质和才能基础上形成的，易使下级产生敬重感、敬佩感、信赖感和亲密感。从某种意义上说，增强非权力影响力对馆长尤为重要。馆长应具备大公无私的品德修养，馆长在图书馆员工以及读者中的威信高，才会有真正的领导权。权力不能滥用也不能不用，正确使用手中权力，根据党和国家方针政策，结合本馆实际，大胆探索，锐意创新，以强烈的事业心、高度的责任感和积极进取的精神率领图书馆员工，必然能形成良好的馆风，巩固馆长的领导地位。严已宽人、虚怀若谷的胸怀能广泛地团结馆员，被人拥戴。同时馆领导的业务素质水平高低，是增强其非权力影响力的重要因素。

（四）运筹时间的艺术

馆长的时间是有限的，要想做到事半功倍，应具备强烈的时间观念和运筹时间的诀窍。要给自己规定完成任务的期限，按期完成工作计划，被临时耽搁的工作一定要争取在计划时间内抓紧完成。把每天或每段时间的工作分清轻重缓急，这样既能抓紧做重要与紧急的事，又能腾出机动时间应付计划外的突发事情，以免陷于被动。经常对照工作计划，随时自我检查可以避免贻误大事。

对有些工作，可以集中使用时间，如制订年度工作计划，确定重大决策方案，作年终总结等。应制定会议制度，精简会议，端正会风，不开无准备会，不开无明确议题的会，限制无关人员与会，准时开会，提高开会质量。

第八章　决策论

一、决策的概念

决策是人们在社会实践的基础上，根据客观条件，在决策者意志参与下进行的选择目标和行动方案的活动。

决策是人类社会的一种重要活动，不仅历史悠久，而且活动范围极为广泛，涉及到人类生活的各个领域。可以说，自古以来，人类各社会集团的各种行动及其行为方式无不受到一定决策的支配和影响。决策即作出决定，是人们确定一种策略、一种方案的综合分析和推理判断的逻辑思维过程。

决策之所以必要，在于人们的意志和行为对于客观事物的状况和变化可以起到很大的作用。应该看到，世界上各种客观事物，在其运动变化和发展过程中，有不以人们意志和行为为转移的方面。但是，在一定条件下，人的意志和行为对于事物的发展过程是可以发挥巨大作用的。人们对一件事物作出决定就是一种意志作用的表现。作出决定之后，还要作出一系列的行为来使作出的决定取得它预期的结果。有些决策关系到国家的兴衰、事业的成败和个人的前途。

人们在日常工作和生活中，经常需要作出决策。但是，不是每个群体或个人都善于作决策。一般来说，正确的决策产生正确的行动，从而得到良好的结果；反之，错误的决策产生错误的行动，因而导致破坏的后果。决策是管理的重要内容,管理是以决策为基础和前提的。美国著名学者西蒙认为"管理就是决策",指出了管理概念的内核。在管理过程中,人们不断根据新的信息作出分析与判断,不断作出新的决定,决策贯穿在整个管理过程之中。计划和预测是管理的首要功能,产生于人们的行动之前,它根据当时所处的环境和自身条件,制定出做什么、怎么做、什么时间做、谁去做、取得什么效果等内容的方案,因此,计划和预测就是决策。组织和指挥,这些管理职能都存在一个目标确定与手段选择的问题,都要作出决策。决策是否正确,直接影响着组织和指挥效能的发展。监督和控制则是决策过程中的一个重要环节,这些功能的实现都需要决策。要做好教育、激励等工作,也需要作出判断和选择,也需要决策,由此可见,每项管理职能的实现都离不开决策,管理职能本身就是决策。

二、科学决策

决策活动自古有之。长期以来,决策都是仅仅以个人的知识、智慧和经验判断为基础的,这种凭个人的直接经验和直观认识所进行的分析研究、判断推理所作出的决策,称之为经验决策。这是一种传统的决策形式,它往往带有较大的主观性,有时甚至还带有较大的片面性和盲目性。

科学管理理论产生以后,30 年代美国学者巴纳德和斯恩特等人把决策的概念引入管理理论,但仅仅用来说明权力分配的问题。60 年代初期,西蒙等人吸收行为科学、运筹学和计算机科学的理论与方法,提出了科学决策理论,引起了管理界和企业界的强烈反响。

所谓科学决策是在科学决策理论的指导下,按照科学决策的程序,运用科学决策的方法和先进的技术手段所进行的决策。其主要标志是:第一,信息全面、迅速、准确;第二,预测科学、及时、正确,方向对头,目标明确;第三,方案齐全、相互独立,论证充分、分析恰当;第四,实施清晰、有度、责任明确,要求具体、调控得当、反馈及时。

(一)科学决策的特点

1.目标化

科学决策认为,决策是为了达到某一目标,从若干可行的方案中选定优化方案的过程。它包含这样几层含义:第一,决策必须明确所要达到的目标,决策是为了达到目标,没有目标无从决策。第二,决策是以可行方案为依据的,方案的可行必须以全面分析实现目标所需要的各种信息和能力为基础。第三,决策时必须有若干个可行方案相互比较,提供选择。"多方案"是科学决策得以进行的重要原则。第四,在若干可行方案中通过分析比较,找出优化的方案。最优决策是要追求理想条件下的最优目标,而理想条件在实际上是难以生存的。因此,我们追求的应当是满意决策,在现实的条件下,有把握地取得一个满意的结果,使主要目标能够满足和实现,其它的次要目标也基本满足和实现。所以,所谓合理的决策不是最优决策,而是找到满意的决策。

2.系统化

从系统的观点来看,整体性原则是系统理论的核心,它和优化原则、模型化原则都是系统方法论的基本原则。决策正是坚持这些原则,致力于协调决策对象内部各个要素之间的关系,谋求决策目标、内部条件与决策环境之间的动态平衡,使决策在整体上优化或令人满意。

3.信息化

信息与决策的关系犹如江河的源和流的关系,源远才能流长。

信息是宝贵的资源,是无形的财富,效益的保证,政策的基础。信息不充分,决策就缺乏依据;信息不灵,就可能导致决策的失败。因此,强调决策的信息基础,建立管理决策系统,尤其是战略信息系统,是现代管理决策的又一显著特点。

4. 动态化

如果以某一时点上的决策作为基准来考虑,它既要受以前决策的影响,也要影响以后的决策。像这样不同时点上的决策,从"前者影响后者"这个意义来说,具有动态的联结性质。应当强调,决策的动态性是由于当代社会环境具有强烈的变动特性而决定的,要接受环境挑战,就必须在战略、组织、人事及其它方面都付诸动态化。

(二)科学决策的类型

决策的内容十分广泛,人们从不同的角度把决策分为许多类型。

按决策的性质,可以分为政治决策、经济决策、军事决策和科技决策等。

按决策的主体,可以分为集体决策和个人决策。

按决策目标的范围,可以分为宏观决策和微观决策。

按决策有无先例,可以分为程序化决策和非程序化决策。

按决策的风险,可以分为确定性决策和非确定性决策。

1. 程序化决策和非程序化决策

这是根据决策问题出现的重复性和解决问题经验的成熟程度来划分的。程序化决策的特点是:所解决的是经常出现的问题,由于曾多次重复,有例可循,有章可依,也有处理这类问题的经验、程序和方法,可以按常规的办法来解决。非程序化决策的特点是:所解决的是不常出现的问题,还没有处理这类问题的经验,完全要靠决策者的判断和信念来解决。

在日常工作中,常常出现所要确定的目标是以往未曾碰到过的,用常规方法不能作出决策。这种决策由于无先例可循,无章法可依,决策的难度和风险较大,决策者的意志因素作用也较大。对于领导者来说,应将主要精力放在非程序化决策上,是否能对非常规事件作出正确决策,最能说明领导者的水平。

在非程序化决策中,又有确定性决策和非确定性决策两种类型。确定性决策是指按照现有条件,决策目标确有把握实现的这一类决策。在处理这种决策时,要求领导者抓住时机,果断地确定目标,并选择最佳实施方案,充分利用现有条件去实现目标,以求达到最佳效果。如果贻误时机,条件发生了变化,有把握实现的目标反而不能实现,这就是领导者的失误。但对于非确定性决策,就要认真对待,不能鲁莽从事。这类决策是在现有条件下,只知道每个方案都有几种可能的结果,对决策目标能否实现还没有确实把握,一般要进行试点,根据进展情况及时作出追踪决策来补充原来的方案,逐步完善,使目标实现更有把握。

2. 宏观决策和微观决策

宏观决策是从全局和整体的角度出发,从战略的高度对重大问题作出方向战略性的决策。微观决策是对某一部门的事务作出的决策。通常,高层管理部门从事宏观决策,基层管理部门则进行微观决策。

宏观决策,特别是战略决策,关系事业的成败和发展。决策正确,就能沿着正确的方向前进,提高适应外部环境变化的能力,取得良好的经济效益和社会效益。反之,如果决策失误就会带来损失,甚至导致严重的后果。

(三)科学决策体制

决策体制是指决策机构与人员在进行决策时所形成的组织体系和规章制度。不同社会的不同发展阶段有不同的决策体制,它是随着政治、经济、科学技术等方面的发展而变化的。社会发展到现在,科学决策体制应是由决策中枢系统、咨询系统、信息系统和执行系统组成的民主决策体制。

1.中枢系统

这是决策体系的核心,由拥有决策权的人员组成,主要任务是领导和控制整个决策过程,确认决策问题和决策目标,并对决策方案进行分析评估,最后拍板定案,其他系统都是为中枢系统服务的。

2.咨询系统

由专业人员组织的智囊机构,主要任务是在决策过程向中枢系统提供各种意见,供决策者参考。它具有辅助性、专业性和独立性的特点。咨询系统专家们的意见,是中枢系统进行决策的重要依据,在现代决策体制中显示越来越重要的作用。

3.信息系统

由从事信息的搜集、加工和传播的机构和人员组成,主要任务是为决策过程提供信息服务。当然,不同类型和不同层次的决策需要不同信息。由于我们的职责是从事信息服务工作,应充分认识信息在决策中的作用,故作比较详细的阐述。

（1）信息是决策各要素连结的纽带

从决策的含义知道,决策是一个由多种要素构成并相互发生作用的综合统一体。决策有五个要素:决策者、决策对象、决策理论与方法、信息和决策结果。首先是人构成了决策者和决策对象,其次是在两者中间起着桥梁、中介、连结作用的信息,再次是决策中所运用的理论和方法,以及决策的结果,这五个要素的相互关系、相互作用构成了全部决策活动。决策者和决策对象正是通过决策信息这个纽带连结在一起构成一个矛盾统一体。决策者要作出科学、正确的决策,要对自身的情况有确切地了解和把握,要对决策对象的情况有深入地认识,要对决策主、客体所处的环境有确切地了解和把握,这些都要依赖信息系统提供全面准确的信息,否则,就很难进行科学的决策。

(2)信息系统是科学决策的前提和基础

正确的决策取决于多种因素,决定性的因素是对客观实际和未来行动及其后果的正确判断,而正确的判断又取决于及时掌握全面、准确的信息。所谓"巧妇难为无米之炊",只有情况明才能决心大。信息不充分,不准确,决策失去了根本的依据,就可能导致决策失误。所以,只有掌握了情况和信息,决策者才可能制定出相应的行动方案,才可能作出正确决策。而且只有当信息充分而确切时,决策者才能作出合适的行之有效的决策,才谈得上科学决策。离开信息来谈决策,就是主观臆断,没有信息为前提和基础的决策,就变成了胡思乱想和瞎指挥。

信息的重要性在于消除不确定性,所以科学决策必须以丰富充实的信息作为基础。不掌握信息,也就无法了解情况,无法提出问题,无法确定目标,无法拟定可行方案,更谈不上从中选优。实施行动以后,如果没有收集信息,也无法知道执行的结果,无法知道决策究竟是对还是错,究竟科学还是不科学。一句话,没有信息系统就没有科学决策,信息系统在科学决策中起着前提和基础的作用。

(3)信息系统贯穿于科学决策的全过程

决策的过程也是信息处理的过程,决策的每个步骤和环节都离不开信息。信息犹如一道亮光,照着整个决策的全过程。在决策前,人们需要信息为其提供必要的依据;在决策过程中,人们又需要信息帮助决策者作出正确的评估和选择;而在决策之后,人们还需要根据反馈信息来调整、修正决策目标或修正、完善决策方案。

具体而言,科学决策的程序一般包括发现问题、确定目标;分析研究、制订方案;评估论证、方案优选;实施方案、追踪反馈四个步骤。这四步构成了一个完整的信息运动过程。在发现问题、确定目标的活动中,人们对于任何客观事物的认识首先都来自于丰富而准确的信息,这就要求人们高度重视信息的收集工作,从而使所确立的目标建立在可靠的信息基础之上。在分析研究、制订方案的过程中,实际上就是要求人们有一定的利用信息预见未来的能力和对信息进行分析综合的能力。信息是这一过程的原材料。评估论证、方案选优,同样也是人们根据自己对该问题所掌握的信息的多少,并从自己的知识和经验出发,深入全面认识有关方案的利弊,从而寻找优化方案的过程。全面准确的信息是这一过程的基础。实施方案、追踪反馈阶段,反馈信息是判断决策目标是否科学可行的主要依据,也是检验决策方案是否科学合理的主要标尺。从以上分析可以看出,信息系统贯穿于科学决策的全过程,不仅整个决策过程是一个完整的信息循环,决策的每一个环节也是一个小而完整的信息循环,呈现出十分明显的信息化特征。

(4)信息系统是决策科学化的依据和保证

信息系统贯穿于决策的全过程是必然的,而在决策中,它所起的作用也决不仅仅是基础的,它是科学决策能否真正科学的依据和保证。信息系统的重要性在于及时地为各级智囊系统和中枢系统提供合理的、可靠的、有价值的信息,它的作用发挥得好坏关系到科学决策的成败。这是因为,科学决策自始至终都要求坚持几条基本原则,如实事求是原则、系统思维原则、确定性原则、灵活性原则等。

实事求是原则要求决策者必须一切从决策对象、客观环境、自身条件和决策活动特点与规律出发,这就要求信息系统提供全面、准确的信息。系统思维原则要求将决策活动、决策主体和对象、决策环境都看作是由多种要素所构成的具有一定结构和功能的系统,这就要求对各种情况深入了解,弄清它们相互之间的关系,把握全局。信息是系统中最活跃的要素,只有信息才能把各个要素连结在系统之中。确定性原则要求执行决策是诚实的，不走样，不失真，这也有赖于有效的信息沟通。最后，灵活性原则要求具体问题具体分析，对变化的情况作出应变反应，无疑，信息的迅速、及时是坚持灵活性的关键。总之，没有完善的信息系统，就不可能实现这些决策中必须遵守的原则。

科学决策以丰富的信息取代了仅凭个人经验和智慧而进行的经验决策，它对信息作深层次的利用、分析、加工，避免了对信息的直观或肤浅的认识。信息贯穿于决策全过程，使得科学决策行为成为一个"信息→咨询→决策→实施→控制→反馈"的良性循环过程。良好的信息系统，使决策系统内部的信息能够沟通，实现了决策的一致性。丰富、准确的信息能实现决策的针对性。决策的选择性、时效性、开放性，也都依赖于一个完善、高效的信息系统。

（5）信息系统是科学决策真正能付诸实施的推动力

正确与完善的决策方案，如果不实施，便变成纸上谈兵，没有任何价值。信息系统对方案的实施可以起到推动作用。一个决策方案制定出来，决策者一定要根据实际情况部署实施方案，授权执行。如果没有一个正常运转的信息系统，决策者就无法审时度势，选取合适的时机，及时执行方案。在方案执行以后，决策者也只有依靠反馈信息，才能及时准确地知道执行情况，从而及时地调整、总结方案并判断是否执行下去。依靠信息系统的决策，也只有依靠信息系统提供的情况才可能真正实施。没有信息系统支持的决策方案大概也没有人敢冒险实施，就如盲眼的人即使执着一根长矛他仍然不知怎样出击，仍然达不到保护自己的目的一样。

既然信息系统在科学决策中如此重要，因此，就要大力完善信息系统，推进科学决策，提高决策的水平。完善信息系统，就要完善信息收集、加工、存贮、传递、利用等一系列的过程。要强化人们自觉利用信息按客观规律办事的观念。要重视信息的传递和充分发挥信息的作用。在决策过程中，要重视反馈信息，不断提高决策科学化。随着决策问题的日趋复杂,人们在处理复杂问题时,越来越多地借助于计算机处理,于是出现了以计算机为基础的决策支持系统,即 Decision Support Systems,简称 DSS 系统,人和计算机构成的系统才是真正的决策支持系统。要真正提高决策水平,也必须大力研究和开发决策支持系统,让计算机在科学决策中发挥更大的作用。在科学决策过程中,DSS 的功能主要有及时搜集、整理、保存、提供本系统与决策过程有关的各种信息和数据;及时搜集、保存、提供本系统外的与决策过程有关的各种信息和数据;合理地贮存、及时提供决策分析用的推理模型,即知识库;良好的外部通讯能力,大范围的通讯网、局域网等;良好的人机接口,便于决策者发挥自己的主观能功性,最有效地使用系统,具有面向整个系统的管理程序。

总之,推进决策的科学化,需要在硬件、软件上都大力发展和完善信息系统。图书馆工作者是信息系统的建设者和管理者,也是使用中的服务者,我们要努力建设和管理好信息系统,更好地为各级领导机关、企事业单位的决策作好服务工作。

4. 执行系统

执行系统的任务就是组织方案的具体实施,在实施过程中,将情况反应给中枢系统。

(四)科学决策的步骤

由于建立和健全决策的程序与制度,对实现决策科学化具有重要意义。因此,不少学者对科学决策过程中的逻辑顺序和基本步骤问题,作了大量研究。对决策程序的划分繁简不一,我们认为划为四个阶段较为合适。

1. 发现问题,确定目标

决策是为了解决决策者认为必须解决的已经发生的或将要发生的问题。所谓问题就是事物的矛盾,也就是研究决策对象现在状态与期望状态之间的差距,深入地进行调查研究,及时地发现问题、分析问题、确认问题和适时地提出问题,这是决策首要的主要职责之一。每一个正确决策的作出,首先取决于提出问题的重要性和准确性。为此,必须进行调查研究,找出应该解决的问题,并对所提问题的重要性进行分析,进行系统的合乎逻辑的叙述,说明问题的重点和关键问题所在,确定决策目标。

正确的决策必须具备三个条件:一是目标要合理;二是决策的效果要满足预定目标要求;三是决策本身符合效率、经济性原则。因此,目标的确定在决策过程中占有首要的地位,它是决策实施后在一定时期内所期望达到的效果。应该力求在综合全局的前提下,确定出必须达到的目标和期望达到的目标。这就需要满足以下条件:第一,目标要表述得具体、准确,应明确要解决问题的性质、特点、范围,客观地分析内外条件,实事求是地确定目标;第二,目标要可以定性、定量地评价其成果,规定其完成的期限,确定有关人员的责任范围;第三,确定目标的约束条件,约束条件包括资源条件、质量规格、时间要求和法律制度等限制性规定;第四,建立衡量决策的近期、中期、远期效果的三级价值标准,建立科学价值、经济价值和社会价值标准,综合权衡,构成价值系统,以此作为评价标准;第五,目标的确定,要经过集体论证,要具有激励性。

2. 分析研究,制定方案

目标确定以后,就要从多方面寻求实现目标的有效途径,制定各种可供选择的方案。提出方案的过程大致可以分为大胆探索和精心设计两个阶段。在第一个阶段,要解放思想和广开思路,大胆探索,尽可能提出不同的方案。没有比较就没有鉴别,只有一个方案,不可能是科学的抉择。制定方案应该做到勇于创新,尽可能详尽,但各个方案的内容应当各自有别,不能互相重复和包含。在精心设计阶段,以细致冷静、求实的精神,确定实施细节和估计方案的结果。在这里需要反复的预测计算,需要严格的论证和细致的推敲,还需要经得起反对者和怀疑者的挑剔,对重大的决策问题,必须进行可行性研究。

3.评估论证,确定方案

对提出的若干方案,运用各种科学方法进行分析、评价、审查和择优讨论,以选出一、二个优化方案供最后抉择。在评价分析中,要根据预定的决策目标和所建立的价值标准,确定方案的评价标准和评价方法,有时还要做一些灵敏度分析,在条件允许时,评价过程应尽可能运用计算机对有关方案进行实验。

在方案的抉择阶段,要对各种方案的利弊、实施时遇到的有利和不利条件全面评估,总体权衡,根据目标需要和现实条件选择满意的方案拍板定案形成决策。这一阶段要求决策者具备良好的分析能力、敏锐的调查力和判断决断素质。也就是说,方案的抉择在很大程度上取决于决策者的素质和领导艺术。

4.实施方案,追踪反馈

方案确定后就要组织实施。由于现代决策问题的复杂性和决策者认识能力的局限性,已决策的方案不一定完全符合变化的形势,这就要求在方案实施后,对决策的实施情况进行有效的跟踪考查和监测评估,将实施情况反馈给决策者。如果发现存在某些缺陷,对原方案要进行适当的修改和调整,如果原有决策有重大失误,危及目标实现时,应改变原有方案,重新进行决策。

上述决策的四个步骤,显然是对比较重大和复杂的决策而言的,对于一般的具体问题则只需按照这种精神根据实际情况灵活掌握就是了。

三、图书馆决策

图书馆与其他部门一样,也要经常作出决策。大致分为两类,一类是日常工作中的程序化决策,另一类是事业发展过程中的非程序化决策。

(一)程序化决策

图书馆工作有自己的业务要求和发展规律,为了保证工作的效率和质量,要求图书馆的领导者制定相应的标准和规范,以使工作人员有法可依,有例可循,这些程序化的决策,包括以下方面的内容。

1.根据本馆的性质和方针任务,确定本馆的基本职能和主要服务对象;

2.根据本馆的性质和任务及资金、人力、馆舍等实际条件,制定本馆馆藏建设的条例,确定文献采购的方针、重点、品种和数量;

3.确定本馆使用的分类法、主题表和编目规则;

4.确定本馆目标体系建设的原则、种类和方法;

5.制定读者服务工作中的各种规章制度;

6.制定人员管理工作中的录用、奖惩、培训等方面的条例;

7.制定行政管理的各种规章制度;

8.制定后勤管理的各种规章规度等。

这种程序化决策的内容还可以列出一些,总之,应根据具体情况来决策,以保证日常工作的正常运转,这是图书馆领导者的责任。

(二)非程序化决策

除了日常工作中程序化的决策之外,事业的发展过程中,会出现一些非程序化的决策,这些都是无例可循的新项目,对此,应按科学决策的要求进行决策,力求保证决策的科学化和正确性。下面试举几例予以说明。

1.建造新馆

建造新馆是几年或几十年才可能遇到的,新馆建设得怎样又要影响今后许多年。根据历史的经验,建成什么样的馆涉及领导部门、设计部门、建筑部门等,并不完全甚至完全不是图书馆工作者能决定的。一些领导部门把建设图书馆当成一般的建筑行政事务,由基建部门主管,很少听取图书馆工作者的意见。这样做的结果,馆舍建成了并不符合图书馆功能的要求,可能是一座好的建筑物,但不是一座符合要求的图书馆。图书馆建筑的要求是什么呢,一般说来有以下几点:

(1)满足图书馆功能要求;

(2)方便读者,便于管理;

(3)适应发展的需要;

(4)实用、经济、美观。

为了达到上述要求,图书馆新馆建设应有一个科学决策的过程,有以下几个步骤。

(1)制定规划。根据本馆性质、任务、历史情况和发展方向制定一个事业发展规划,这是总体设计的依据。

(2)可行性研究。对图书馆建筑的规模、投资、选址等进行周密调查和论证分析,确定几个方案由主管部门领导、建筑界和图书馆界专家组成评审委员会进行评审,选择最佳方案,按照科学决策程序作出决策。

(3)撰写设计任务书。设计任务书是设计与施工的依据,内容包括:①本馆方针任务;②设计指导思想和基本要求;③面积分配;④建筑结构要求;⑤设备配备和要求;⑥绿化及室外工程;⑦需要说明的问题。

(4)建筑设计。包括方案设计、扩大初步设计和施工设计。

(5)建筑施工。

(6)建筑验收。

在建筑过程中,主管部门的领导要尊重专业人员的意见,充分发扬民主,图书馆领导和业务人员要参加全过程。为此,建立一个事业心强,精干得力,既懂图书馆业务又懂建筑程序,由图书馆领导、业务人员、技术人员组成的基建班子是必要的。

另外,必须搞好建设单位、设计单位和施工单位的三结合,搞好图书馆员和建筑师的结合是图书馆建筑是否成功的关键所在。由于职业的不同,各自出发点有所差异,有些图书馆看上去是一座美丽的建筑物,但不是适合使用的图书馆,这种失败就在于建筑师与图书馆员缺乏对对方知识和要求的理解。因此,明确各自的职责和界限,进行密切合作是必要的。

北京图书馆在紫竹院旁建设新馆时,由图书馆工作者和建筑师组成的小组经过了长时间大量的调查研究,在馆内进行了广泛热烈地讨论,写出了设计任务书。委托国内 10 个著名的建筑设计单位,召集了全国知名的建筑设计师,由国家建委副主任宋养初主持召开了几次方案设计会,北京图书馆业务人员组成的规划小组也参加了会议。开始提出 108 个方案,以后集中为 23 个,再集中为 3 个,广泛征求意见,经过反复论证修改,最后确定一个方案报国务院领导同志审批。同时,建立了北京图书馆新馆建设领导小组,由文化部和北京图书馆领导人员组成,决定建设中的重大问题,有些问题请示中央领导同志。北京图书馆还成立了基建办公室和规划办公室负责具体工作,并一直与设计部门、施工部门保持良好的合作,保证新馆建设的顺利进行。

2. 建设图书馆自动化系统

图书馆自动化主要是电子计算机在图书馆的应用,这是现代图书馆的主要标志之一,每个图书馆都希望实现自动化,而且有一种紧迫感,但不是为了自动化而自动化,不能一哄而起,买几部计算机了事,应该认真研究,慎重决策,在图书馆自动化的过程中有许多事情要做。

首先,要进行可行性研究,也就是对使用电子计算机的必要性进行认真的研究。电子计算机不是时髦的装饰品,它给人们带来好处,也可能带来麻烦。只有在对本馆的性质、任务进行具体分析,对用电子计算机解决什么问题进行充分论证,而且确定会得到实际效益时才能作出决策,千万不要轻率决定。图书馆工作的目的就是根据读者的正当要求,迅速而准确地向读者提供书刊资料及其他形式的载体,至于采取什么手段,应区别情况,择优而从。

其次,在可行性研究的基础上进行系统分析,对所要承担的任务进行深入的调查和详细的分析与设计,回答根据什么、为什么、如何做、何时、何地、谁去做等问题,写出一份报告系统说明书。进行这项工作时,既要考虑当前的需要,又要考虑将来的发展,既要满足内部的要求,又要顾及外部的兼容性,还有辅助设备的配套、机房的设计都要有周密的计划,在此基础上选择计算机硬件、软件及配套设备。那种先购置机器后套任务,甚至买了机器不知干什么的现象必须避免。由此可见,图书馆自动化建设有一个决策的过程,对其它现代设备和措施,也应采取同样的态度。在确定方案后,要作好业务准备工作,主要是准备数据,因为电子计算机本身不能产生数据,只有输入才能输出,而输入的数据是由人来提供的。所以,在使用电子计算机之前,要做大量的、繁琐的、艰巨的业务基础准备工作,从某种意义上来说,基础准备工作比买计算机还重要。基础工作做好了,一旦有了计算机,马上就能输入,否则,有了计算机也没有用。在做这些工作时,要注意标准化,要能够与其他单位和系统实现资源共享。

另外,还要做好人员的物色和培训工作,不仅要挑选和培训使用计算机的技术人员,还要培训全馆的有关业务人员,使他们能掌握自动化的基本知识和技能,熟练地进行工作。

北京图书馆新馆计算机系统国家投资 1023 万美元,从 1985 年 2 月提出方案初稿到 1987 年 9 月作出决定,经历了两年半的时间,各种因素错综复杂,情况千变万化,其过程大致如下。

（1）确定目标

为了筹建计算机系统，成立了自动化发展部。1985 年 2 月，在收集资料和馆内多次讨论的基础上，提出了《关于建立国家书目中心电子计算机方案》（讨论稿），当时提出的总体目标是：北京图书馆作为国家图书馆，在我国图书馆事业自动化、标准化、网络化工作中处于中心和枢纽的地位，应以书目为基础，以中文为重点，建立能处理中、西、俄、日四大文种各类文献的，具备采访、编目、检索、流通管理和目录生产功能的联机实时处理系统，成为全国书目中心。

1985 年 2 月 14 日邀请图书情报界和计算机系统研究和应用的专家 38 人在北京召开了系统方案（讨论稿）论证会。与会者认为，方案是在调查分析基础上提出来的，为购置设备打下了基础，对图书馆的自动化工作范围、信息处理技术实现方式、辅助设备、经费比例等方面提出了许多宝贵意见。此后，对"方案"（讨论稿）进行了修改，译成英文发往美国、日本、加拿大，向三国国家图书馆的专家征求意见。

1985 年 3 月 30 日至 4 月 15 日组团赴美国、加拿大、日本进行了为期 45 天的考察。之行目的一是征求对方案的意见，进一步完善，使其既有先进水平又切实可行。二是寻求可支持方案实现的应用软件和电子计算机硬件系统，并准备引进。通过实地考察了解三国国家图书馆的计算机系统和国外图书馆自动化发展的动向，通过对三个国家 20 个单位的考察与座谈，基本达到了上述目的。主要收获是：

①对"方案"（讨论稿），各国专家根据本国或本馆自动化的经验，结合发展趋势，提出了许多意见。除了一些具体的问题外，他们总的印象是：这是一个雄心勃勃的全面方案，是符合国家图书馆职能和图书馆自动化发展趋势的计划，但要实现这个计划是相当艰巨的，需要制定详细具体的分阶段实施计划，以求总体计划能够

实现。

②通过对计算机设备生产厂家和应用系统软件公司的调查，发现当时世界上还没有一个图书馆应用软件系统能实现方案中所列的各项处理要求，也没有一家计算机生产厂家可提供满足"方案"要求的硬设备和系统软件，因此必须对方案进行修改，以建立在可靠的基础上。

③与计算机生产厂家和应用软件公司建立了联系，了解了他们的情况，为以后谈判提供了条件。

考察回国后，我们进行了认真的讨论，对原方案进行了修改和补充，提出了"北京图书馆书目自动化系统的基本要求"，内容包括系统的目标与组成，系统的基本功能，系统的总体要求，系统的软件要求，系统硬件要求，系统的安装、支持和培训，还提出了《中文外借库流通管理子系统技术要求》，作为厂商向我们提出系统方案或建议应遵循的原则，也作为我们评价和选择系统方案的基本要点。

在应用软件方面，我们与加拿大国际图书馆软件公司（UT-LAS）以及美国两个图书馆网络（WLN）的代表进行了交流，他们两次分别提出了建议书。在计算机系统方面我们分别与日立、富士通、NEC，IBM、王安、Tandem 公司进行了技术交流，讨论方案实现的可行性，共计 60 多次。日立、IBM、王安、NEC 先后提出建议书。在此基础上，我们起草了可行性研究报告。

（2）论证方案

1986 年 5 月，在北京召开了《北京图书馆书目自动化系统技术、设备引进可行性研究报告》论证会，参加会议的专家、技术人员、领导干部共 34 人。根据国家规定的要求，可行性研究报告分为总说明，单位基本情况，自动化系统规划，技术与设备，生产组织编制和人员培训计划，项目实施的综合计划，资金概算和来源几个部分，还有二十个附件。

可行性研究报告提出三个总体目标，十项具体任务，将书目自动化系统分成采编、检索子系统，中文开架图书流通子系统，书目产品生产子系统，善本储存检索子系统，准备采用两台 IBM4381 Ⅱ 分别用于处理西俄文和中日文，使用 WLN 应用软件，分三个阶段实现。评审意见认为，根据北京图书馆的任务，开发建立"北京图书馆自动化系统"是完全必要的，"《报告》考虑周密，文件齐全"，"技术路线是正确的"，"配置规模以及技术设备的选择是合理的"。会议还对技术方案提出了若干意见和建议。《可行性研究报告》在评审通过后，报请上级有关部门审批，并得到批准。

根据可行性报告，分别与计算机厂家和应用软件公司进行了多次商谈，对各种方案进行了比较，征求馆内有关业务部门的意见，并分别于 1986 年 3 月和 4 月就"汉字信息处理"、"数据库应用软件"、"计算机系统"等问题召开了三次馆外专家座谈会，并与 WLN 签定了购置软件的合同。在讨论过程中各种方案各有优缺点，自动化部内部意见不统一，争执不下，以后情况发生了很大变化，如采用 IBM 方案需增加投资到 250 万美元，我方难以承受，而采用 NEC 方案则可在原预算指标内完成。最后集中在 NEC 和富士通两个方案中进行选择，对此，展开了激烈的争论。双方认为，两个系统都能使用。但在选择何种方案问题上争执不下，焦点在于：

①兼容问题。计算机硬件当前存在两个系列，一个是 IBM 或与 IBM 兼容机，一个是与 IBM 不兼容机，富士通属于前者，NEC 属于后者。一种意见认为，目前国外国家图书馆以及我国高等院校多采用 IBM 或与 IBM 兼容机，作为国家图书馆，应与其他单位兼容，这样有利于共同借鉴，应用软件可整体移植，促进资源共享，因而主张采用 IBM 方案。另一种意见认为，目前图书馆计算机系统的交换只限于数据，由于各图书馆业务处理的习惯、格式、机型的不同，整体移植的可能性不大，不能顺利实现应用系统软件的兼

容,因此兼容问题不能成为选型的重要标准和条件。

②应用软件的开发。一种意见认为,WLN 是一个成熟的应用软件,可直接用于西、俄文系统,以此为借鉴开发中日文系统,这样见效快,而且已经购置。在开发时间上,如采用 NEC 方案要七年时间才能全部完成,前三年西、俄文系统的设备则闲置。另一种意见认为,WLN 是 70 年代的软件,要进行改造和重新开发。不如采用 NEC 方案,自己开发一个完整的系统,这样更适用,也可依靠国内力量,培训人才。在时间上,WLN 改造也不乐观,改造费用大大超过购置费用。如采用 NEC 方案,采取分步骤开发的方法,与改造 WLN 时间也差不多。在签约条件和性能价格比问题上,双方认为 NEC 优于富士通。

（3）确定方案

根据以上情况,馆长办公会议经过多次讨论,于 1987 年 9 月 23 日作出最后决定,在国家审批的系统功能不变、技术指标不变、投资不变的前提下,根据系统的性能价格比、厂家合作态度和工作进展成熟条件,采用 NEC 公司的 ACOS630/1022 双机系统。对这个决定,一些同志持保留态度,但执行中还是全力以赴。显然,由于这个系统规模大,情况复杂,决策者只能对各种因素进行比较,作出在当时条件下认为比较满意的决策,而不是理想的决策。

3. 业务建设

为了提高工作效率和服务质量,履行图书馆的职能,以后会增加一些新的项目或对一些方面进行变革,面对这些问题,应该按科学决策的要求进行决策。当然,决策的过程要看问题的情况,并不是所有的问题的决策程序都是那样复杂,但总要权衡利弊,做到心中有数,尽可能取得好的效果。

例如设置阅览室,涉及藏书、读者、建筑等方面的因素,怎样设置阅览室,藏书的内容和数量、服务对象和方式等都是值得考虑的问题。北京图书馆新馆设计时,对如何设置不同类型的阅览室,意见不统一，经过激烈地争论，决定按学科划分阅览室，所以建筑分为社会科学楼和自然科学楼。当时的想法是，不分文种，不管文献类型按学科组织阅览室，读者在一个阅览室中就能查阅所有的专业文献。但在实际组织阅览室时，这种作法行不通。因为由于科学技术的发展，学科之间互相渗透，往往一本图书、一种杂志涉及几门学科，有的本身就是交叉学科，不仅藏书无法组织，读者也无所适从，以前的想法是好的，但不切合实际。经研究决定，按文种和文献类型或专藏组织阅览室。

为了方便读者利用馆藏，准备将 100 万册左右的藏书放在阅览室让读者开架查阅，但每个阅览室存放什么内容、什么年限、数量多少的藏书心中无数，为了给决策提供依据，进行了一些调查研究，现举中文图书阅览室和外文图书阅览室说明之。

中文图书阅览室的面积为 918 平方米，200 个座位。抽样调查了 1984 年 1、3、4 月和 1985 年 1、3、4 月的索书单 197265 张，其中 1984 年 94128 张，1985 年 103137 张，具体情况是：

（1）流通量

调查表明，中文图书流通是社会科学占 60%，自然科学占 40%，流通量最大的是文学类和工业技术类，两者共占 40%，其次是数理化类、历史类、艺术类、经济类和政治类，分别为 5%—10%，流通最小的是航空航天类、交通运输类、军事类和环境科学类，只占 0.1%—0.6%，两年中读者的阅读倾向基本稳定。

（2）出版年代与流通量的关系

调查表明，读者在 1984 年和 1985 年阅读中文图书的高峰期是 1977 年—1984 年期间，而顶点是 1982 年和 1983 年，即图书出版后的两年。这与加工的时间有关，可能还有一个揭示馆藏的过程。通过分析，近五年出版的新书，对读者需求的满足率为 60%，10 年为 78%，15 年为 82%。因此，在组织开架阅览室时，可考虑 5 年或 10 年界限，而 10 年和 50 年之间只相差 4%，花费人力和空间

154

就没有必要了。

（3）读者类型

年度 \ 类型	党政军机关	科研单位	生产单位	大学生	外籍读者	其它
1984 年	3.65%	8.3%	39.5%	23.2%	0.08%	25%
1985 年	4%	9%	31%	25.5%	0.02%	30.4%

以上情况表明，在阅览中文图书方面，科研读者少，普通读者多，学生的比例较大。学生读者的情况如下表。

	研究生	大学生	职工业大	业余中专	自学	总计
占学生总数	6%	33.5%	22.4%	0.2%	37.9%	100%
占总人数	4.5%	25.3%	16.9%	0.1%	28.7%	75.5%

学生的阅读倾向很集中，频率最高的是教材和复习资料，而科研读者阅览图书时间跨度大，回溯性强。

外文图书阅览室为 1026 平方米，120 座位。抽样调查了索书单 44299 张，其中 1984 年 22443 张，1985 年 21856 张；西文约占 75%，日文占 15%，俄文占 10%。调查情况如下：

（1）流通量

阅览外文图书的读者与中文图书大不一样，科研人员为 89.7%，外地读者占 29.4%，说明外地科研人员对北图的外文图书有较大的依赖性。

流通量最大的是工业技术、文学、经济、数理化和史地类，这五类占其流通量的 65%，最低的是军事类、航空航天类。社会科学与科学技术图书的流通量比例是 1.31:1，读者的阅读倾向基本稳定。

（2）出版年代与流通量的关系

出版年以 1984 年为起点，1985 年为流通当年，70 年代末到

80 年代初出版的图书为阅览高峰期,顶点是出版后的第三年。这里反映采购,特别是编目的周期过长,西文图书积压严重,1984年—1985 年新书编目仅为 57.5%,而俄文达到 98.2%,日文为90.5%。

（3）读者需求的满足率

调查表明,读者需求的满足率与图书出版的时间跨度和服务方式有很大差别,情况如下：

时间程度（年）	1	2	3	4	5	6	7	8	9	10	15	20	25	30	35
闭架满足率（%）	1.6	10	19.7	27.3	34.4	41	47.3	52	57	61.5	74.4	80.2	85.4	88	90.5
开架满足率（%）	13.8	35.2	46.3	53.1	58.6	63.11	67	70	73.2	75.9	84	89.6	90.9	92.5	94

从上述情况看,外文开架阅览室的藏书,可选择 3—5 年出版的新书,在这 5 年之中,增长率保持在 5% 以上,满足率可达到46.3%—58.6%,而且出版后第 2 年和第 3 年正值阅览室的高峰期,所以定为 3 年更合适一些。如果从 3 年变为 6 年,空间、人员增加一倍而满足率仅提高 16.8%,从效益上看,就不够合理了。

根据上述调查,作出如下的决定：

（1）中文图书和外文图书阅览室均采取开架方式,中文图书阅览室陈列 5 年内出版的新书约 20 万册,外文图书阅览室陈列 3年内出版的新书约 15 万册。

（2）对阅览室的藏书进行调整,陈列流通量较大的图书。

（3）开设一个自习室供学生和一般读者使用,使读者分流,减轻开架阅览室的压力,保证科研读者的需要。

第九章　系统论

一、系统的概念

什么是系统？目前还没有公认的定义，人们从不同角度对系统进行研究，给予不同的定义。一般认为系统是由具有相互联系、相互制约的若干部分结合在一起并具有特定功能的有机整体。钱学森等人在《组织管理的技术——系统工程》一文中提出："极其复杂的研究对象称为系统，即由相互作用和相互依赖的若干组成部分结合成具有特定功能的有机整体，而系统本身又是它们从属系统的组成部分。"

由此看出，钱学森等人是从管理的角度来研究系统的，把系统工程视为组织管理的一种技术，这无疑是正确的。唯物辩证法和现代系统论认为，事物系统是具有一定的结构和功能的矛盾统一体。系统工程是为了达到整体目标对系统的构成要素、组织结构、信息流动和控制机构等进行分析设计和合理开发所运用的原理、方法和技术的总称。当我们在系统工程中运用系统概念时，具有以下特点。

（一）全局性

这是系统概念中最重要的特点，系统是由许多子系统组成的，系统的目标或特定功能也要由许多目标或指标综合而成。先从整体考虑,提出目标,在确定目标的前提下,考虑与子系统的关系,最终体现在实现目标这一点上。

(二)关联性

系统内部各个子系统之间都存在有机的联系,互为因果,如系统的输入与输出之间的关系,系统之间的层次关系等。

(三)择优性

我们设计、制造和使用系统的最终目的是要完成特定的功能。因此,研究一个系统的核心问题就是要解决它的最优化问题,也就是应该选择优化的系统方案,以便作出决策,以达到最优计划、最优设计、最优控制和最优使用。

(四)综合性

由于复杂的大系统涉及面广,不仅有技术因素,还有经济因素、社会因素等。因此,系统工程非常强调集体智慧,强调脑力劳动社会化,需要多学科、多工种的协作,涉及数学、生物学、经济学、社会学、心理学、控制论、哲学等多方面的学科知识,需要有各方面的专家、领导和实际操作人员的参与。

(五)实践性

系统工程引导人们按世界本身固有的客观联系来改造世界。离开实践,离开具体的项目和工程就谈不上系统工程,当然系统工程并不排斥对系统本身作理论和规律的探讨。

二、管理系统的特点

管理系统是一个多方面、多因素、多层次、多阶段的矛盾统一体，管理系统又分为管理的主体系统和管理的客体系统。

管理的主体系统包括管理人员、管理机构、管理运行制度、管理技术和管理设施五个方面。其中以管理人员为基本条件，因为管理机构、制度、技术、设施等，都要靠人来设计、制定与运用，管理主体系统功能的发挥，与管理人员的思想、知识、能力、作风等素质有很大的关系。但是，不能忽视其他方面的作用。对管理主体系统来说，这五个方面是相辅相成、紧密联系、互为补充、缺一不可的完整系统。管理机构指挥不动、运行不灵，领导者本事再大也无能为力。管理制度是管理人员和管理机构行使职责和权利活动的规范，没有规矩不能成方圆，制度混乱，管理就会杂乱无章。管理需要借助于先进的技术和设施以提高效率和质量，这是不言而喻的。

管理客体系统包括管理过程中的管理对象及其环境和条件。管理对象是管理客体的主要部分，包括人力、物力、财力、设备、信息、时间等；管理的环境包括自然环境、物资环境、技术环境、文化环境、经济环境、政治环境等。上述各种因素也是相互联系互为因果的，只有协调地处理它们之间的关系，才能更好地达到管理的目的。因为，管理客体是管理主体的认识和变革的对象，整个管理过程，就是管理主体对管理客体认识和改造的过程。没有管理客体就失去了管理的客观前提，管理就成了无的放矢、无标之举了。

管理系统是一般系统在管理领域的特殊表现和具体形态，它有事物系统的普遍共性，又有管理系统的显著特点。

（一）综合总体性

任何事物系统都是矛盾统一的整体。管理系统的种种因素是不可分离的统一整体，在量上等于部分的总和，在质上又不同于各个部分简单地相加。在管理过程中可能向正或负两个方向发展，产生两种结果的整体。"三个臭皮匠，赛过诸葛亮"，总体就大于部分之和，而"三个和尚没水吃"，则是总体小于部分之总和了。马克思说，管理就是执行总体职能。管理系统不同于一般事物系统，而是一个人为的事物系统，管理系统的总体更具有非现成性，需要管理者在多方面、多因素、多层次、多阶段的变化中，在总体前提下分析各个子系统，并将系统的矛盾综合起来，把握整体面貌和全局规律。优秀的管理者必须把自己的注意力集中在影响全局的问题上，如果丢掉总体使命去忙一些次要的任务就是失职。

（二）可调序列性

事物系统都是由各种子系统组成，同时又隶属于一个更大的系统，系统及其活动都具有一定的层次和程序，"事有先后，物有本末"，人类组织和一切系统这点都是相同的。管理系统同一般事物系统的区别在于可以人为调节，即在保持系统相对稳定状态或变动过程中，系统的结构与功能，都可以人为地进行调整和修改。管理系统的这种可调序列性，原因在于管理系统及其活动本身，是人为设计的系统和人群自身的活动。它告诉我们，一方面管理工作必须按照一定层次与程序办事，另一方面，管理系统可以由人进行调节和修改，根据具体条件进行塑造。

（三）自觉目的性

事物系统都有自己运动的导向性，朝着一定目标方向发展。但不同系统的目的性行为有不同的性质，无机界的机械运动，不论自在自然(例如天体)还是人化自然(例如机器),其导向运行都是自发的。只有人类社会系统,才是真正有意识的行为。尤其是管理系统,完全是管理主体根据客观客体的情况所作出的反映,是高度有计划、有组织、有目的的行为,管理就是为了达到某种目标自觉奋斗的过程,没有自觉的目标行为,也就失去了任何管理的意义。

(四)积极平衡性

一个系统的矛盾运动朝着一个目标导向前进,但总要受到内部和外部各种因素的干扰,其结果是不可能完全达到理想状态,必然产生目标差。人类社会系统的运动,虽然是人们有意识的活动,但也有同自然过程一样的客观规律。管理系统的特点就在于由管理者进行积极的平衡、协调彼此的矛盾。管理系统的平衡与稳定,不是消极地等待它们的到来,而是管理者自觉把握管理总体目标,主动协调系统各种矛盾的积极行为。如果系统长期失衡甚至走向混沌,管理必将付出沉重的代价。

三、图书馆系统

图书馆是一个系统,按其规模可划分为宏观系统和微观系统。图书馆宏观系统,即一个国家的图书馆事业整体,由全国各种不同类型和不同规模的图书馆组成,包括国家图书馆系统、公共图书馆系统、专业图书馆系统、高等院校图书馆系统、学校图书馆系统、儿童图书馆系统、军事图书馆系统、工会图书馆系统等。图书馆微观系统是指某个图书馆系统,它由文献组织子系统、文献传播子系统和条件保证子系统组成。无论是宏观系统还是微观系统,都是由相互依赖、相互作用的各种要素组成的整体,各个要素之间都具有相对稳定的次第性、有序性和因果关系，并有很强的协同性。由于整个系统处于与外界进行交流的过程中，因而又有高度的动态性。

图书馆系统又是整个社会系统的一个子系统，它受到各种社会环境的制约，同时又有一定的反作用，与社会存在着相互依赖和相互作用的关系。

（一）图书馆微观系统

1.文献组织子系统

包括文献收集和文献整理、文献编目和文献贮存工作。文献收集是图书馆根据本身的性质和任务，通过各种方式选择和获取文献，以积累和补充馆藏，建立具有特定功能馆藏体系的工作。俗语说"巧妇难为无米之炊"，所以，文献收集工作是其他工作的前提和基础，直接影响图书馆的业务水平和服务质量。

文献收集工作是为了解决文献的分散状况与社会利用文献要求合理集中的矛盾而产生的。利用文献首先要求将分散的文献集中，古往今来，图书馆都把收集文献作为自己的神圣使命。人类收集文献的历史可追溯到几千年以前，古希腊时代的亚历山大图书馆，曾提出一个崇高的目标，要把世界上所有的文献全部收藏，尽管当时的托勒密王朝花了很大的力量，没有实现这个目标，但两千多年前的这种追求成为了图书馆工作的优良传统。图书馆工作者都是在可能条件下尽力进行文献信息的收集工作，对单独的图书馆来说是馆藏建设，对全社会来说则是建立文献信息资源的保障体系。

早期的图书馆将文献收集工作称为"采访"，以后又称为"藏书补充"和"藏书组织"，现在又引入"馆藏建设"的概念。馆藏建设是图书馆经过精心选择与组织而形成具有特定功能的知识体系，它的内容包括以下几个方面：①馆藏规划，根据本单位的性质和任务，确定本馆发展的目标和馆藏结构，形成具有特色的馆藏体系,并明确实现的步骤和计划。②文献选择,根据发展规划精心收集文献,不断充实馆藏。③馆藏评价,对积累的文献进行评估,作为改革馆藏建设的依据。④馆藏剔旧,根据文献老化和新陈代谢规律,对馆藏进行筛选,剔除或提存已经过时和残损的文献。

图书馆的馆藏建设不是多种文献的堆积,而是一项学术性很强的工作,美国图书馆学家谢拉说过,单是一本本的书,即使是最好的书,也不能组成图书馆,除非把它们组成一个整体,这个整体就是知识本身,就是有目标和方向的藏书体系。

文献整理是将文献从无序到有序的过程。控制论创始人维纳说过:科学与之斗争的妖魔是混乱,透过复杂混乱的现象揭示某一事物本质和规律的人就可成为某一方面的科学家。图书馆工作者的重要任务就是揭示文献的本质和规律,首先是将从各种途径收集的处于混乱状态的文献整序,按照人们易于理解的顺序排列组合,使之从无序到有序,然后才有可能科学地贮存和利用。这是图书馆工作区别于其他社会工作的又一特点,也是对社会的又一贡献。文献整理包括文献分类、主题标引和文献编目等方面的工作。

文献分类是根据知识体系的等级概念,按照文献的内容和其他特征分门别类系统地组织文献的一种方法。通过文献分类可以揭示每种文献的内容性质和其他特征,把相同内容的文献集中在一起,把不同的文献区别开来,并根据一定体系把已区分的文献组织起来,用户可以因类以求,找到他所需要的文献。由于人们查找文献是对知识的追求,加上有一个相对稳定的专业范围,比较习惯从学科、专业的角度获取知识,因此文献分类方法成为文献整理中历史最悠久、使用最广泛的一种方法。每一个文献信息机构无论规模大小,都要编制一套分类目录。所有文献一般是按分类排列的,各馆的馆藏也是按照分类统计的。因此,文献分类方法在整个工作中占有重要地位。

主题标引方法是用语词形式描述和查找文献的一种方法,它是根据文献检索要求,以主题字顺为基本序列的一种文献组织系统。主题法用规范化的自然语言表达文献内容的语词作标识,有较高的专指度,还可以及时增添或删减主题词。主题标引方法有四种:叙词法、标题法、单元词法和关键词法,叙词法运用最广泛。分类法与主题法都可以揭示文献的内容,进行文献标引、区别和组织文献。二者都可以从文献主题的角度向用户提供检索的途径。但是由于运用的方法和工具不同,组织检索系统及提供检索途径也就不同。分类法是以学科体系为主,适合族性检索。主题法提供主题字顺检索途径,适合特性检索。分类法可以组织馆藏的排架,而主题法不能用于排架,只能用于检索。总之,在文献组织中,这两种方法各有所长,各有所短,互相可以取长补短。由于科学技术的发展,文献检索方法出现了分类主题一体化的趋势,经过几年的努力,中国编辑出版了《中国分类主题词表》,将《中国图书馆图书分类法》的分类号与《汉语主题词表》的叙词对应,这是分类主题一体化的实践,正在推广使用中。

文献编目是按照一定的规则和方法,对文献进行著录,制成款目,并按字顺、分类、主题等途径组成目录的过程。主要作用是记录某一空间、时间、学科和主题范围的文献,使之有序化,从而达到宣传报道和检索利用文献的目的。为此,要对文献进行著录。著录是对文献的形式特征和内容特征进行分析、选择和记录的过程。不同类型的文献的著录项目不尽一致,分别有不同的著录规则,世界图书馆著名的著录规则有《普鲁士图书馆字顺目录适用规则》、《英美编目条例》(AACR)和《国际标准书目著录》(ISBD)等。自1979年开始,中国根据ISBD的原则,制定了《文献著录总则》及各分则,并有相应的国家标准。

文献贮存是图书馆将经过整理的文献系统存放和安全保护,主要工作有馆藏组织、馆藏清点、藏书剔除和文献保护几方面的工作。

馆藏组织是将文献根据内容、特点、形式及馆舍条件等因素进行系统划分和组织，对馆藏文献进行合理布局，组织不同的文献库，以便于保管和利用。

馆藏清点是图书馆在一定时间内对馆藏文献进行调查，了解实有馆藏情况，以便有针对性地补充馆藏，改进流通和保管工作。

藏书剔除是图书馆将馆藏文献中陈旧破损的文献剔除，以提高馆藏质量和节省库房空间的工作。

文献保护是使文献免遭自然和人为的损毁，延长文献保存期限和使用寿命，尽可能保持原有形态的技术和措施，有延缓性保护和再生性保护两种。

2. 文献传播子系统

文献传播子系统，又称读者服务子系统。收集、整理、贮存文献的目的在于利用，文献信息资源的利用，是文献信息的传播与交流及为用户所利用的过程，文献信息只有利用才能实现它的价值。文献信息资源的利用主要表现在两个方面，一是文献信息传播，二是文献资源开发。

在很长一段时间里，图书与档案不分，档案馆与图书馆混为一体。图书馆是在人类社会生产资料私有制出现后建立起来的，一开始就为统治阶级所垄断，以后文献量逐渐增加，除了官府藏书外，还有寺院、书院和私人藏书，但图书被视为私有珍品，国家藏书为皇帝"退朝以自娱"，而私人藏书则"书不出阁"。当时的图书馆处于封闭状态，人们称这一时期的图书馆为藏书楼。

文艺复兴时期，冲破了宗教势力的桎梏，资产阶级革命的兴起，要求打破封建的文化垄断，从根本上动摇了封建藏书楼的基础；经济的发展，公众要求普及科学文化知识，阅读图书成为一种社会需要，要求建立广大民众能够利用的图书馆。由于造纸技术和印刷技术的广泛应用，有可能大量生产图书，为更多的人同时利用图书馆创造了条件，与此同时，一些图书馆工作者为图书馆对公众的开放进行了长期艰苦的奋斗。封建藏书楼是逐步解体的,首先是大学图书馆的创办,接着是各国国家图书馆的建立,而后大量公共图书馆相继兴起。

文献信息对公众开放,使文献信息工作发生重大变革,工作的重点已不是收集和贮存,而是开展读者服务,因此需要建立相应的工作制度和方法。开始的服务工作是一次文献的馆内阅览和外借服务,而且是闭架的,读者不能进入书库,自己先查目录,写好索书条,由工作人员查找文献。由于闭架借阅制度给读者和工作人员带来许多不便,逐渐采用开架借阅制度。开架制可使读者直接接触文献,广泛浏览,自由挑选,可使那些在闭架情况下不易引起读者注意或在目录中未被充分揭示的文献被读者发现和利用,当读者所需文献缺藏时,可选择内容相近的文献,可以降低文献的拒借率。但开架借阅也存在文献乱架、丢失和容易破损等弊端,需要加强管理。

为了使用者更好地利用文献信息,文献信息机构编制目录、索引和摘要等各种报导性、检索性刊物,进行二次文献的服务工作。二次文献是对一次文献进行加工的产物,是对无序的一次文献的特征进行著录或将其内容进行压缩,并按照一定的方法加以有序化而形成的文献。它的基本功能是揭示文献的特征和内容,指引用户查找文献。二次文献可以用作文献检索工具,能比较全面、系统地反映某个学科或专题在一定时空范围内的文献线索,是积累、报道和检索文献资料的有效手段。

为了深层次地开发文献信息资源,文献信息机构要进行参考咨询、文献检索、情报研究等方面的服务工作。

参考咨询是工作人员对用户在利用文献和寻求知识中提供帮助的活动。它以协助检索、解答咨询和文献研究等方式向用户提供事实、数据、文献线索和研究报告。

检索服务是根据用户的要求帮助或代替用户查找文献信息的

一种服务工作。主要内容有：回溯检索服务、定题检索服务、全文检索服务等。

情报研究通常指文献信息的分析与综合的过程。对某一时期某一领域的文献信息进行分析与归纳，并以研究报告等形式给用户提供专题性、系统性的情报，使其了解该领域的现状和发展趋势。

情报研究具有三项功能：①综合功能。通过对大量的有关文献信息的收集、整理、分析与综合，获得高度浓缩系统化的情报资料，使用户节省查找和阅读文献的时间与精力。②预测功能。根据所掌握的信息，通过分析研究，预测未来发展趋势和可能产生的影响。③决策功能，通过情报研究、预测研究和决策研究，为决策提供方案和对策，供决策者参考。这种情报研究在中国也称为"情报调研"。情报研究有很多类型，有综合情报研究、专题情报研究、技术经济情报研究、市场情报研究、管理情报研究、政策情报研究等。

参考咨询和情报研究要产生三次文献。三次文献是根据一定专题，利用二次文献选择有关的一次文献加以分析、综合而编写出来的专题报告或专著，如综述、述评、研究报告等。要求论点鲜明，论据充分，论证有力，具有系统性、综合性和研究性的特点，在某个领域或某个专题能起到积累前人知识，掌握当前动态，预测发展远景的作用。

为了更好地进行文献信息的传播和文献资源的开发，文献信息机构还要开展对使用者的研究和教育工作。

3. 条件保证子系统

图书馆的基本职能是对文献的收集、整理、贮存和传播。只有在实现基本职能的前提下，才能履行保存文化遗产，开展社会教育，传播科学信息，开发智力资源的社会职能。上述职能的实现，必须有一定的条件，条件保证系统分为硬件和软件两个部分。硬件包括人员、资金、设备、馆舍等;软件包括政策、机构、规章制度等。

显然,上述三个子系统是相互依存、相互制约的。图书馆主要是以文献为读者服务的,没有文献的收集、整理和贮存,就不成其为图书馆,也就是说,没有文献组织子系统,就不可能履行图书馆的社会职能。但图书馆收集、整理和贮存的目的在于传播和利用,如果只藏不用,没有文献传播子系统,也没有更好地履行图书馆的职能,发挥图书馆的作用。要实现文献的组织与传播,必须有一定的条件予以保证,这是不言而喻的。

图书馆的各种因素和各种工作也是相互联系、互为因果的。文献收集的数量质量对文献的整理和传播有很大影响,收集数量多,文献整理人手如果不够,将会造成文献积压。质量好可发挥良好效益,质量不好不仅人力物力和财力浪费,还可能造成不可弥补的损失。文献整理效率高、质量好有利于文献的传播与利用。文献传播做得好,可发挥图书馆作用,促进文献收集和整理工作;反之,文献的收集和整理没有意义。而文献的组织和传播,又与人员、资金、设备、馆舍等条件有密切的联系。总之,我们只有把图书馆作为一个系统,使各子系统和各种因素协调发展,才能发挥整体功能。单个的图书馆是一个系统,但它们又属于图书馆的宏观系统。

(二)图书馆宏观系统

1. 国家图书馆系统

国家图书馆在本国图书馆事业中起着重要作用,代表一个国家图书馆事业的水平。1976 年 8 月,联合国教科文组织在瑞士洛桑召开了国家图书馆馆长会议,对国家图书馆在国家信息系统和国际信息系统中的作用,通过了一项政策声明,认为"国家图书馆应是图书馆事业的首要推动者,各类型图书馆的领导。国家图书馆应在全国图书馆工作的各项规划中起中心作用。"根据这项政策声明的精神,国家图书馆在国家信息系统中应起三个主要作用:①提供必要的中心图书馆服务;②领导国家信息系统中的图书馆成员;③积极参加国家信息系统和制定全面发展规划。

从世界大多国家图书馆的实际情况看,国家图书馆的职能是:

(1)完整、系统地搜集本国出版物,成为国家总书库,有重点地收藏国外出版物,拥有丰富的外国文献馆藏,成为国家文献信息资源中心。

(2)编制国家书目、回溯性目录和联合目录,成为国家书目中心。

(3)搜集国内外图书馆学资料,编辑出版专业书刊,推动全国图书馆学发展,成为学术研究中心。

(4)规划和推动全国图书馆事业的自动化和网络化,起到中心和枢纽的作用。

(5)代表本国图书馆界利益,参加国际图书馆组织及国际交流活动,成为本国图书馆界对外交流中心。

2. 公共图书馆系统

由国家中央或地方政府资助和管理,免费为社会公众服务的图书馆。公共图书馆的主要特点是:

(1)馆藏综合性,包括各种载体,涉及各个学科、各种等级和各种类型。

(2)服务对象广泛性,为各种类型、各个阶层、各种年龄、各种文化程度、各个民族的读者服务。

(3)服务方式多样性,采取各种方式、各种手段,履行图书馆职能。

公共图书馆是人类社会文明发展的产物。在早期图书馆史上曾出现过具有公共性质的图书馆,但是,具有真正意义的公共图书馆是 19 世纪中叶以后才出现的。这是由于 17 世纪英国资产阶级革命的胜利,对封建藏书楼的封闭体制产生了巨大的冲击,广大群众对图书馆为少数人所有非常不满,许多有识之士提出图书馆应向社会开放,并为实现这一目标进行了长期艰苦的奋斗。加上工业城市迅速发展,资本主义的生产需要大量有文化的工人和市民,政府要承担免费的义务教育的责任,图书馆是一般群众利用书籍进行学习最适合的场所,促使图书馆向公众开放,公共图书馆就应运而生。发展到现在,公共图书馆的状况已成为一个国家文化事业发展的标志。

3. 高等学校图书馆系统

为高等学校教学和科研服务的图书馆,是高等学校文献信息中心。高等学校图书馆与其他类型图书馆比较起来,具有如下特点:

(1)由于高等院校专业设置和教学内容一般比较稳定,所以读者需求具有稳定性,读者利用文献也相对集中。

(2)由于学校的性质与专业设置比较稳定,读者类型和数量相对固定,所以文献的收集与服务方式具有较强的针对性。

(3)许多高等学校设有图书馆总馆,各院(系)设有分馆或资料室,总馆与分馆(资料室)要注意协调关系。

每个高等学校图书馆的性质与任务,由该校的性质、任务、规模及条件的不同而有所区别,但作为一种图书馆类型,它的主要任务是:

(1)根据学校的性质和任务,收集、整理各种文献,为学校的教学和科研工作提供文献资源保障。

(2)利用各种方式为师生服务,积极开发文献信息资源。

(3)开展读者辅导和教育工作,培养师生的信息意识和利用文献信息的技能。

(4)统筹、协调全校的文献信息工作。

(5)开展馆际协作,实现资源共享。

4.专业图书馆系统

收集和组织专门领域的文献,主要为特定读者服务的图书馆。按所属机构的类别分为研究机构图书馆、机关图书馆、事业单位图书馆、公司企业图书馆、军事单位图书馆、大众传播图书馆、群众团体图书馆、医院图书馆、宗教图书馆等。

专业图书馆类型多样,规模大小不等,业务基础和工作水平参差不齐,但从总体上看,具有以下特点:

(1)馆藏专业性强,除少数大型综合性科学与专业图书馆外,一般都是收集某一学科或某一领域的文献,馆藏的范围比较狭窄,专业内容比较专深,本学科的文献收藏比较齐全。

(2)服务对象稳定,专业知识和外语水平较高,具有一定的文献检索能力,对国外文献需求较大,层次较高。

(3)服务的针对性强,业务活动较为专深,主要进行信息服务工作,包括从答复简单的咨询问题到承担复杂研究项目的文献查找和提供综合研究报告。

(4)工作人员水平较高,除了具备对文献处理的知识与技能外,还要具备相应的专业知识。

专业图书馆的主要任务是:

(1)根据本单位的性质、任务,系统完整地搜集、整理和保存专业文献,成为本专业领域的文献中心。

(2)积极开展服务工作,加强文献信息资源的开发与利用,跟踪生产和科研项目,开展定题服务,提供文献信息的保障,满足读者的专业需求。

(3)加强队伍建设,提高工作人员的思想水平和业务素质,培养既懂文献处理业务又有专门学科知识的工作人员。

(4)加强与本系统图书馆之间的协调与协作活动,并与其他系统图书馆合作与交流,实现资源共享。

此外,还有学校图书馆系统、儿童图书馆系统、工会图书馆系统等。

上述各个系统各自都具有不同的职能与特点。以前,各个图书馆和各个系统的工作都是分散进行的,各自服从于社会的某种集团和阶层的利益。但是,它们具有共同的属性和规律,发展到一定阶段,它们之间内在固有的关联性就要显示出来。加上社会的进步,人们要求打破单位所有的界限,而且,随着文献信息活动复杂程度的提高,图书馆之间存在的客观联系逐渐明显,要求加强协调与合作,只有以整体形象出现在社会上,显示自己的功能,才能求得更好的生存与发展。当社会发展到一定阶段,社会对图书馆的依赖已成为一种不可忽视的社会需要,这种需要促进了把图书馆作为整个社会活动的组成部分,从而导致了图书馆事业的形成。

合作与协调的加强,使图书馆形成一个整体,服务目标由为某个单位服务变成为社会整体服务,以后出现的网络化是合作与协调的高级阶段,可以更好地实现全社会的资源共享。图书馆网络是图书馆系统功能具体的、充分的体现。

四、图书馆网络

图书馆网是由各类型各层次的图书馆组成的纵横交织、脉络贯通的群体结构。

图书馆网是近代图书馆的产物。近代图书馆的主要特点是图书馆面向社会,对公众开放。当图书馆从王宫、教会和私人手里解放出来,成为对公众服务的文化设施之后,西方图书馆界的一些有识之士提出了用合作的方式从事某种业务工作的意见,此后图书馆的合作不断加强,形成了不同类型的网络。有将专业性质相同和同一隶属关系的图书馆组成的网络,也有按行政区划将不同类型的图书馆组织起来的网络,通常称谓图书馆协作网。这些图书馆组织起来后,开展多种形式的协调与合作活动,推动了图书馆事业的发展。

电子计算机和现代通讯技术在图书馆的应用,各种数据高密度的存贮和远距离的传输,使图书馆事业发生了深刻的变化,图书馆网络化也进入了一个新的阶段。技术自动化和组织网络化是现代图书馆的主要特点,计算机网络的建立是图书馆自动化发展的高级阶段。

美国等经济发达国家图书馆自动化的历程是从单个图书馆开始的,不久依靠先进的技术和雄厚的经济实力,很快转向以联机编目为基础的自动化网络,并逐渐发展成为面向全国服务的自动化服务系统,避免了各馆低水平的重复,提高了自动化的整体效益。美国图书馆自动化走在世界前列,其主要标志是建立了三大网络,它们是:国际电脑图书馆中心(Online Computer Library Center,简称 OCLC),研究图书馆情报网络(Research Library Information Network,简称 RLIN),西部图书馆网络(West Library Network,简称 WLN)。

以 OCLC 为例,1971 年建立时名称叫作俄亥俄大学图书馆中心(Ohio College Library Center),当时的主要目的是将俄亥俄州的 54 所大学图书馆组成局部的网络系统,建立联机编目体系,使各自独立的"小馆"联成相互依托的"大馆",以达到资源共享。经过 20 多年的努力,现在已成为世界上规模最大的图书馆自动化网络,1993 年 3 月有 16448 个成员馆,现在成员馆达到 2 万所左右,除遍布美国 50 个州外,还包括世界上 8 个国家和地区。它的数据库以每天 5000 条记录的速度增长,一年达到 200 万条,现在书目记录累计达到 2700 万条之多。联机联合目录中有近 4 亿个馆藏代码,是人类历史上空前规模的联合目录。现在 OCLC 向图书馆界提供多种形式的服务。20 多年的经历表明,OCLC 取得了巨大的成功,它正在更加完善地走向 21 世纪。1980 年开始,美国实施系统连结方案（Linked Systems Project），在美国国会图书馆参与下，准备实现 OCLC、RLIN、WLN 三大网络系统的计算机对话，形成更大规模的网络。此外，美国的网络正在与加拿大和欧洲的图书馆网络加强合作，以加强世界范围内的资源共享，这一切将对全世界的图书馆事业产生深远的影响。

图书馆网络的目的是为了实现资源共享，提高图书馆事业整体效益，全面履行图书馆的职能。图书馆的馆藏、目录、人员、馆舍、设备等都是资源，有两个以上的图书馆通过各种合作手段使用这些资源，就是资源共享。合作的单位越多，效益就越大，具体说有以下几个方面。

（一）合作建设文献资源保障体系

文献的收集在相当长的一段时间内，是单个图书馆独立完成的，都是根据自己的条件力求系统完备地进行馆藏建设。由于文献种类繁多，增长速度很快，加上经费、空间、人力等条件的限制，任何一个图书馆都不可能将所有的文献收集齐全，以满足社会对文献的需求。人们逐渐认识到，文献信息作为人类的智力资源，应由社会共同建设、共同享用。于是出现了合作发展馆藏的方式：两个或两个以上的图书馆在自愿的基础上，通过分工，各自尽所能将一定范围内的文献收集齐全，避免不必要的重复，共同建设，共同享用。德国是最早开展这一活动的国家，在 19 世纪下半叶就提出了这个问题，1920 年成立了德国学术支援协会，在大学图书馆开展文献收集的协调工作。1942 年 10 月，美国国会图书馆等 60 多个图书馆在康涅狄格州法明顿市开会，商定实施合作收集外国出版物的计划，目标是尽可能使美国任何一个研究人员感兴趣的外国出版物在美国至少有一个图书馆收藏一份，并尽快列入《全国联合目录》，用户可以通过馆际互借或照相复制加以利用。这个计划命名为"法明顿计划"，经过几年的准备于 1954 年开始实施，

1972年终止。这项持续了近20年的大规模合作收集工程,对美国和世界的影响是巨大而深远的。美国于1960年还开始实施"拉丁美洲合作采集计划",这是"法明顿计划"的延伸,主要目的是获取更多的拉丁美洲出版物,前后共有72个馆参加,1972年终止执行。1954年美国国会通过《480号公法》,授权国会图书馆馆长在国会指定范围内用其外汇购买外国出版物并收藏于国内若干图书馆。1958年修订了该条款,1962年执行,这项计划使美国研究图书馆直接得到联邦政府资金的支持,从非西方国家采集出版物。1969年美国通过了《高等教育法》,该法授权美国国会图书馆尽可能地收集全世界最新出版的对学术界有价值的所有图书资料,并在收到后迅速为高等学校和研究图书馆提供编目数据。据此制定了"全国采集和编目计划",1966年中期开始实施,这个计划实施后,逐步取代了"法明顿计划"、"拉丁美洲合作采集计划"和其他类似计划,参加的图书馆有90多所,采集范围达24个国家,持续20多年,由于购买费用用完,加上国会削减联邦预算,80年代陷入困境。其他国家也开展了合作采集工作。

从一馆的馆藏建设发展成为多馆的、地区的、国家的、国际的合作的文献资源建设,是文献收集工作的革命,有利于建立社会文献资源体系。为此,需要确定一个国家、地区或机构文献资源建设的方针、目标、制度和组织,建设文献资源保障体制,形成文献资源合理布局,实现资源共建和资源共享的崇高目标。社会对文献资源需求的增长、科学技术的发展都为这一目标提供了良好的条件。

(二)合作编目

20世纪以前,图书馆编目的主要对象是单一的纸质文献,编目方式是手工操作,编目活动是分散进行的,其职能是对文献进行整理和记录,成果一般为回溯性分类目录。现代文献编目的对象是多载体文献,进入20世纪,为了避免编目作业的重复,克服效率低，规则不统一，检索速度慢，浪费人力、物力和财力的现象，合作编目和集中编目开始出现。所谓合作编目，是由若干图书馆分担编目工作，共享编目成果的活动。美国国会图书馆 1902 年开始与其他馆合作进行编目工作，1932 年向几十家图书馆征集编目卡片，整理后发行标准目录卡片。1966 年美国开始实施"全国采集和编目计划"，很多馆参加这一活动。所谓集中编目，是由一个编目中心负责编目，众多文献信息机构共享编目成果。1893 年美国图书馆就开始向一些图书馆供应目录卡片，1901 年美国国会图书馆进行目录卡片发行工作，以后形成了多类型多层次的编目体系。苏联于 1925 年开始集中编目，逐步形成多种编目中心。

20 世纪 60 年代，由于电子计算机技术和现代通讯技术在文献编目工作中的应用，文献编目工作进入自动化和网络化的时代，这是文献编目工作历史性的变革。其主要标志：一是机读目录（Machine Readable Catalogue，MARC）的出现。它是利用计算机识读和处理的目录，将文献编目的数据经过计算机进行处理，以代码形式记载在一定的载体上面形成的一种目录。二是文献编目标准化。分散进行文献编目时，各单位的规则是不统一的，为了进行集中编目，实现资源共享，规则必须统一，许多国家都制定了统一的标准。

从 1961 年开始，国际图书馆协会和机构联合会就致力于书目著录标准的国际标准问题，促使《国际标准书目著录》（International Standard Bibliographic Description，ISBD）产生。ISBD 对各类型文献目录款目的著录项目及其顺序、特定标点符号等作出了统一规定，它使以各国语言编制的目录款目易于识别，用户能超越语言上的障碍，识别所不懂的语文著录项目，并便于使书目著录转换成计算机可读的记录形式，更重要的是使各国出版物的著录具有兼容性，达到国际标准化，实现世界范围内的书目控制，促进国际书目信息交流。

现在,通过计算机网络可以进行合作编目。当成员馆有需要编目的文献时,可通过终端检索,了解在网络中这种文献编目情况,如果其他馆已经编目,本馆就不必编目;如果没有编目,本馆编目,其他馆就不用编目了。也就是说,千万个成员馆的馆藏文献,每种只需要做一次原始编目。OCLC 各个成员馆每年的编目量达到 1200 万种文献,还可以应用户的要求,提供书目回溯性转换服务,使各馆的目录回溯转换集中化、社会化。

(三)馆际互借

各个成员馆可以通过网络进行馆际互借。OCLC 也具有馆际互借功能,当一个成员馆需要借某种图书,通过终端检索,荧光屏会依次显示拥有这本书的馆名。当你向第一个馆发出请求借书的指令后,如果此书不在馆内,会自动转到第二个馆,直到对方答复可以借出为止,OCLC 每年馆际互借达到数百万册次。

(四)联机检索

网络可以充分发挥书目数据库的检索功能,进行参考咨询服务。例如你需要图书馆网络化方面的资料,只要按照一定途径进行检索,虽然远隔万里,几秒钟之内,数据库存有的目录会显示在终端的荧光屏上,如果需要还可打印出来,再去查找原文。有的数据库已经做到全文存储,可进行全文检索。

(五)联合贮存

各个图书馆为了提高馆藏质量,减轻馆舍负担,就要进行剔旧工作,图书馆剔除的文献送到哪儿去? 如果有人需要这种文献,到什么地方去找? 这是剔旧工作需要解决的问题。于是就出现了贮存图书馆,专门保存各种图书馆剔除下来的文献。各国对贮存图书馆的定义和作用概念不一,形式也多种多样。一般来说主要职责是：接收各类型图书馆淘汰下来而本馆又尚未入藏的文献。每种文献长期保存一定数量的复本，通过提供原件或复制件，给需要者使用。

建立贮存图书馆的设想产生于 19 世纪末 20 世纪初的美国。1886 年美国哈佛大学校长 C．W．埃利奥特发现读者使用的图书只是馆藏的一部分，于是提出将有人用书和无人用书区分开来，用密集书架贮存无人用书。哈佛大学图书馆馆长莱恩支持校长的主张，同意将"死书"分开贮存，并在 1902 年建议哈佛大学图书馆、波士顿公共图书馆等共同建立合作的贮存图书馆。以后英国、法国、德国、荷兰、丹麦、芬兰等许多国家都建立了贮存图书馆。1975 年，苏联制定了《苏联图书馆贮存藏书组织条例》，把贮存图书馆分成地区、地区间、加盟共和国和全苏四级共有 55 个。

从上述内容可以看出，图书馆网络是图书馆系统功能具体的、充分的体现。而图书馆网络的建设，本身就是一个系统工程，除了资金、设备、技术、馆舍、人员等条件外，还有许多方面的问题需要解决。例如从某种意义上说，没有标准化就没有网络化。因为网络化是将独立分散的计算机系统构成一个互通有无、共享数据的有机整体，在机型、通讯、代码、格式等问题上都要有统一的标准，否则会对联网造成障碍。

再如数据库建设问题。数据库是按一定要求，将相互关联的数据存贮在计算机中的数据集合体。有书目数据库、事实数据库、术语数据库、数值数据库等。数据库是图书馆自动化的重要组成部分，也是网络化的基础工作。仅有计算机硬件和软件，如果没有数据库就好像图书馆只有房子和书架，而没有图书一样。计算机是机器，只有输入才能输出，没有数据库，自动化是无米之炊。数据库是电子形态的信息或知识，是另一种形态的"书"。数据库数量的多少，质量的高低，决定图书馆自动化的水平与作用。图书馆网络化，更要数量多、质量好的数据库支持。但是，建立数据库是

178

一项很艰巨、复杂和繁琐的事情,一些图书馆在自动化的过程中,比较重视计算机硬件和应用软件的开发,往往忽视数据库的建设,付出了巨大的代价。

又如网络的管理问题。没有严密的组织,不一定能建成网络,即使网络建成了,没有科学的管理,也不能巩固与发展。所以,从某种意义上说,网络的成败取决于科学的组织管理。在网络的管理中,有几条原则是值得注意的:一是统一规划原则。要制定全国性、地区性或专业性规划,使网络建设避免互相冲突和重复建设,造成资源浪费。二是目标一致原则。所有成员馆都要有合作的愿望,为了共同的目标参加网络,为共同的事业作出贡献。对于实际工作中出现的差异和产生的冲突,通过友好协商加以解决,始终保持目标的一致性。三是平等互利原则。无论规模大小、层次高低,所有成员馆在网络中是平等的伙伴关系,既承担责任又享受权利,使每个成员的合理利益得到满足,从而积极参加网络的活动,增加网络的凝聚力。四是遵守规范原则。应该制定所有网络成员必须遵守的规范,作为网络顺利开展活动的行为标准。为此,建立强有力的管理机构是必要的。网络的管理机构一般有领导小组,负责宏观的规划与协调;技术小组,负责网络的技术和标准问题;办公室,负责日常工作。以后还可以建立用户委员会,对网络的工作进行咨询与监督。参加管理机构的人员应该有强烈的事业心,有一定的组织能力和专业知识。网络管理机构要建立强有力的解决冲突的机制,要有权威,保证网络的正常运转和健康发展。

五、图书馆与社会

图书馆系统是整个社会系统的子系统。社会的需要产生了图书馆和图书馆事业,它受社会各种因素的制约和影响,但又反作用于社会各种因素。

（一）图书馆的社会属性

图书馆是人类社会特定需要的产物，它能够成为一种社会事业，根本原因是因为它的本质属性是知识性、中介性和社会性。

人类社会产生了图书以后，便产生了如何保存和交流人类记录在图书上的知识的问题，为了解决这种需要，产生了图书馆，开始了图书的收集、整理、贮存和传播的活动。图书馆从产生的那天起，就与知识有着本质的、内在的联系。没有人类社会知识的积累便没有图书馆的产生，也没有图书馆工作。人类社会知识积累到一定阶段，总要导致科学文化的重大突破；而科学文化的每一次重大突破，都给图书馆工作带来根本性的变化。

图书馆主要职能不是本身创造文献，也不是自身利用文献，图书馆的根本任务是把文献与读者需要联系起来，起到知识交流的中介作用，成为社会知识生产和社会知识利用之间的桥梁。图书馆工作对社会生产力的发展有重要作用，但其本身不是社会生产力。而是作为社会知识交流系统中的一个环节，将日益增长的知识传播到社会利用活动之中。通过自己的工作，加速科学知识转化为生产力，创造社会财富。

人类的知识活动包含着三个环节：知识创造、知识交流和知识利用。知识交流是联系创造和利用的纽带。所谓知识交流，是人们借助于共同的符号系统，围绕着知识所进行的一切交往活动。交流的目的在于共享知识。知识交流是知识继承、创造和发展的前提，是新的知识获得社会承认和广泛应用的途径。它促进科学技术的发展，提高劳动者智力水平。通过知识交流，可以促进个体认识的发育，弥补个体之间的差异，提高认识世界和改造世界的能力，推动新的知识产生。知识交流也是科学知识物化为直接生产力的催化剂。知识交流是人类进步之源，人类的文明史，就某种意义上来说,也是一部知识交流的历史。知识交流不是孤立的现象,它与人类社会活动和社会生活各种现象紧密相联,受社会生活的生产方式所制约。不同的社会,人类知识交流的范围、幅度、速度是不同的。

早期的知识交流的规模和范围是有限的,人们比较侧重于直接的、即时的交流,记录知识的文献虽已出现,但只在少数人中传播,文献机构的主要职责是贮存文献。到了近代,科学技术的进步,机器大生产的出现,使人们对知识的认识逐渐提高,这种对知识的追求,使知识交流的广度、强度和速度都大大提高了。人们不再满足直接的、狭小范围的知识交流。印刷术的广泛使用,文献的知识交流功能得到了人们的认可,图书馆的主要职能从保存文献转向传播文献。而在现代社会,人们借助于各种先进的传播手段,知识交流不仅打破了地区和国家的界限,而且具有广泛的国际性,人们从一般的知识需要转向有针对性的选择,文献信息机构在供应一次文献的同时,开展多种情报服务工作。

图书馆工作是一种社会现象,是整个社会活动中不可缺少的组成部分。图书馆的产生和发展都和外部社会环境相关连,都要受到社会政治、经济、科技、教育、文化等因素的制约,反过来又会对社会的各个方面产生影响。图书馆和社会的本质联系决定了它的社会本质是知识交流。它的社会性表现在社会知识交流过程中,体现在以下几个方面:

1. 交流内容的社会性。图书馆工作的物质基础是文献,是社会知识的载体,是人类社会的智力资源,是人类各个时代、各个社会所创造和积累的知识总汇,是社会可以共享的宝贵精神财富。

2. 交流对象的社会性。知识交流是普遍的社会现象,文献信息机构为全社会成员服务,要创造条件,鼓励和保护利用文献信息资源,使用范围越广,利用越充分,文献信息机构的作用就越大。虽然具体文献信息机构有自己特定的任务和对象,就整体而言,图书馆的交流对象具有社会全民性。

3. 交流实体的社会性。作为知识交流实体的图书馆，是国家举办文化、教育、科学事业的一部分，是供全体社会成员共同使用文献信息资源的场所，它的发展程度标志着社会的文化水平。人民有权利享受服务，国家也有责任尽可能满足人民的需求。正是因为图书馆事业的社会性，使其有可能成为一种不可缺少的社会事业。

（二）图书馆与社会环境

图书馆事业是整个社会事业的组成部分，它的存在与发展与社会环境息息相关，图书馆事业的外部社会环境是一个复杂的综合体，几乎涉及到社会生活的各个方面，影响重大的有以下几个方面：

1. 政治环境

图书馆自产生起，就和社会政治活动发生了密切联系。人类经历了不同的社会形态，图书馆是随着社会的变迁而发展的。社会制度与社会形态对图书馆的发生、发展具有强大的约束力和规范作用，历代图书馆都是为统治阶级的利益服务的，统治者的意志与作用对图书馆事业的发展有很大的影响。历史发展证明，一个稳定的政治环境有利于图书馆事业的发展。反之，恶劣的政治环境会使图书馆事业遇到严重挫折和倒退。

2. 经济环境

物质生产的一定形式产生一定的社会结构、国家制度和精神方式。图书馆与社会发展形态相适应而存在的种种形式，取决于当时社会生产力发展的水平。图书馆事业的发展取决于社会经济的发展，经济越发展，社会才能提供更多的资金保障图书馆事业的发展。80 年代以来，我国珠江三角洲地区公共图书馆的迅速发展，广东省高等学校图书馆的发展，都取决于广东和珠江三角洲地区经济的发展。一个社会的经济环境决定了一个社会的图书馆发展水平。经济越发展，就越需要依赖图书馆的支持，也就越能促进图书馆的发展。当然，不能在经济和图书馆之间划一个等号，简单地用经济来解释图书馆的所有现象。

3.文化与教育环境

广义的文化是人类物质文明和精神文明的总和。图书馆的产生与发展，本身就是一种文化现象。文化的积累是图书馆产生的基因，而文化能得以代代相传，又有赖于图书馆对文献的收集、整理、贮存和传播。社会的文化水平受其特定历史时代的制约，又具有相对的独立性和能动性。图书馆的兴衰受到文化环境的制约，图书馆收藏文献与读者利用文献，是图书馆活动的两个方面。读者的需求是多种多样、千变万化的，而图书馆收集文献总是有限的，这就形成了供与求的矛盾。但是，利用文献是实现文献效益的最终途径。读者的文化水平、接受和理解能力对实现文献价值有很大影响，对于一个没有文化的人，即使拥有一座图书馆也无济于事，在一个有大量文盲的国家里，不可能有发达的图书馆事业；相反，发达的图书馆事业必定会促进文化的繁荣。近代图书馆产生的一个重要社会原因是社会教育的兴起，社会教育是提高劳动者文化水平和生产技能的重要条件，图书馆教育职能的发挥，依赖于社会教育体系发展的程度，教育越发达，社会文化教育普及程度就越高，对图书馆的依赖就越大，图书馆的作用就会受到重视。在高度发达的教育环境下，为图书馆事业的发展提供了充分的可能。

4.科学与技术环境

图书馆是收集、整理、贮存和传播文献信息的机构，而文献信息是科学发展的产物和结果。科学越发展，知识总量就会增加，科学门类越多，文献信息的内容就越多，科学交流越频繁、越广泛，图书馆作为中介的功能就越强化，这都直接影响图书馆事业的发展。另一方面，图书馆的发展以一定的科学技术为条件，科学越发展,给图书馆提供的科学技术就越多,科学技术的每一飞跃,都会给图书馆事业带来深刻的革命。纸和印刷术的发明改进了知识的载体形态,促进了知识量的增加,给图书馆事业的发展创造了极其重要的条件。因此,社会的科学技术水平与图书馆事业发展的关系非常密切。当然,也应该看到,科学技术转化为图书馆发展的动力并不是一个简单的过程,也受到各种因素的影响。纸发明之前,人类用来书写的材料很多,在我国先后使用的有甲骨、青铜器、竹简、木牍和缣帛等,纸发明后,竹简、缣帛和纸张共存了约500年,其中一个原因就是由于封建社会严格的等级制度,一些达官贵人借缣纸以示高低贵贱。直到晋朝元兴三年(公元404年),晋桓玄帝下令禁用简牍,禁令曰:"古无纸,故用简,非主于敬也,令诸用简者,皆以黄纸代之",才结束这种并存的局面。

电子计算机等现代技术在图书馆的应用,也有许多问题需要解决,才能使新技术转化为改革图书馆现状的动力。

第十章　改革论

　　党的十一届三中全会掀起的改革浪潮，席卷祖国大地，图书馆作为社会的一部分，不可避免地受到这股浪潮的冲击。党和国家工作重点转移，提倡尊重知识、尊重人才，全社会对作为"知识宝库"的图书馆的作用有了进一步认识，随着社会对图书馆需求意识的增强，也就会对图书馆提出更高的要求。在严峻的挑战面前，图书馆必须进行改革，才能适应形势发展的需要，这是来自外部的压力。就图书馆本身来说，也必须进行改革。我国的图书馆事业，在新中国成立后发生了质的变化，有了很大发展。但无须讳言，从整体上看还是一个落后的行业，经费不足、队伍不稳、管理不善等问题严重影响了图书馆事业的发展。封建藏书楼的思想、单位所有制的观念，封闭保守、墨守陈规旧习没有根除，图书馆的作用没有极大发挥，也没有取得应有的社会地位。另外，全社会改革浪潮的冲击，打破了图书馆员原有的心理平衡，追求经济利益的价值观和当前相对低下的经济收入，引起了图书馆界一些人的思想混乱。面临改革所带来的震动与希望，图书馆员的心理状态纷繁复杂，这些问题都需要通过自身的改革才能得到解决。

一、改革的目的

改革是一场革命,目的是为了解放生产力。图书馆改革是为了破除束缚生产力发展的陈旧的生产关系,解放图书馆的生产力,其目的是为了更好地履行图书馆的职能。社会上任何一个机构,都是为了适应某种社会需要,履行某种社会职责而存在的。对图书馆的职能,不同时代、不同国家、不同类型的图书馆有不同的界定。但图书馆作为人类的一种社会现象,有着自身的客观规律。1975年国际图联在法国里昂召开图书馆职能的科学讨论会,会议通过的总结一致认为,现代图书馆的职能是:①保存人类文化遗产;②开展社会教育;③传递科学信息;④开发智力资源。应该说,这是所有图书馆共同的职能,当然,不同类型的图书馆侧重点有所不同。图书馆进行任何方面或任何形式的改革,都不应该离开这个总的目的。衡量改革成败的标准,主要看是否有利于提高工作效率和服务质量,是否有利于文献信息资源的开发与利用,是否有利于提高人员的素质和增强队伍的团结,是否有利于事业的发展,总之,是否有利于履行图书馆的职能。

例如开展创收活动,如果能正确处理社会效益与经济效益、无偿服务与有偿服务、收入与分配的关系,收入增加了,职能履行了,事业发展了,就达到了改革的目的。但如果一切向钱看,全馆忙创收,副业上去了,而主业荒疏了,职工收入增加了,队伍却涣散了,这种创收活动就失去了改革的本来意义,也从根本上违背了改革的宗旨。在讨论创收活动处于热潮时,有人根据"以文养文"的精神,提出了"以馆养馆"的主张,这是不切合实际的。创收活动的收入是有限的,难以维持图书馆的生存与发展,其结果必然削弱图书馆职能的发挥。

再如组织机构的改革,目的是为了做到机构少而精,职责简而明,工作程序规范化。有的图书馆不是从实质上解决问题,而只是简单的拆拆并并,结果不仅徒劳无功,反而比以前更加混乱。在1983年春季,社会上有一股风,一讲改革就是承包,一讲承包就是给多少钱。于是,图书馆界有人主张搞承包,有的馆搞了承包,效果不好,其原因在于,图书馆与工厂企业性质不同,也不具备实行承包的经济条件,用承包的办法很难解决建设现代化图书馆的一系列根本问题。

在改革的过程中,我们不仅要有改革的勇气和决心,还要保持清醒的头脑,具有坚定的信念,把握改革的方向,才能少走弯路,避免损失,保证改革目标的实现。

二、改革的内容

图书馆改革是为了改变那些不适应生产力发展的生产关系,范围是广泛的,但其核心内容是管理的观念和手段的改革。现就几个重要问题进行一些探讨。

(一)管理体制

管理体制是组织结构形式,其实质是建立图书馆事业的运行机制。这种机制能适应事业发展的需要,保证制定的方针、政策通过既定的途径顺利贯彻,有效地组织图书馆活动,对图书馆事业进行宏观管理和微观调节。衡量一个管理体制是否合理,根本标准是促进还是束缚图书馆事业的发展,是推动还是阻碍图书馆事业整体功能的发挥和社会效益的实现。

对图书馆事业的管理体制,各国情况不同。一般说来,有以美国为代表的分散型和以前苏联为代表的集中型。

美国一直没有全国性的行政机构管理图书馆。1970年,美国建立了全国图书馆和情报科学委员会,由15名委员组成,其中14名由总统任命(需征求参议院意见),另一名为美国国会图书馆馆长。委员中必须有5名专职图书馆或情报专家,委员任期1到5年不等。主要职责是:为实现国会提出的要向全国人民提供足够的、适合其需要的图书馆和情报服务的任务,从全国整体的角度出发,制订全面的计划,并将这些计划推荐给国会、总统、州和地方政府。委员会被授权进行必要的调查、分析和为此开展研究、举行意见听取会,同时被要求每年提交工作报告。委员会在广泛进行调查研究后,于1975年提出了"全国图书馆和情报工作计划"。该计划提出的具体目标为:①确保所有地方社区基本的、足够的图书馆和情报服务;②向特殊的用户提供足够的特殊服务;③加强各州现有的图书馆资源和系统;④发展完成全国计划所必需的人力资源;⑤协调联邦现有的各项图书馆和情报计划;⑥使私立机构成为开展全国计划中更为积极的合作者;⑦设计、发展和运营全国图书馆和情报服务网络。

委员会还建议总统和国会召开"图书馆和情报工作白宫会议",得到采纳后负责该会议的组织工作。1979年11月召开了第一次白宫会议,1991年7月召开了第二次。白宫会议的目的是使公众重视图书馆和情报中心对社会的贡献,研究当前资源和服务的不公正问题和设计未来的发展方向。该委员会对图书情报事业的活动进行指导与协调,其控制是非常强制性的。强调利益原则和竞争机制的作用,组成各种形式的合作组织,实现资源共享,满足不同层次的社会需求,主要是依赖联邦、州和地方政府的法规进行管理。美国的这种体制的缺点是宏观控制能力较弱,不能进行整体的规划和调控。

前苏联是集中性管理体制。1920年11月2日列宁签署了《人民委员会关于集中管理图书馆事业》的命令,以后苏联共产党和政府又不断完善这种管理体制。苏联在文化部设有"国家图书馆部际委员会",委员会制定统一的政策、规划和标准等,委员会的决议,各系统都必须执行。各部、委、各专业主管部门设有统管本系统的图书馆事业机构。建立了健全的规章制度和法规体系,采用行政直线制的管理方式,强调图书馆的集中化,由中心馆实行统一的行政管理,在一个馆实行一长制。在管理上,强调行政性权力和法律性权力的作用,形成了以权力为主的集中化管理体系。高度集中的宏观控制发挥较高的效益,但不利于发挥基层的活力。

我国图书馆事业分成公共、高校、科研、工会、部队等几大系统,分别隶属于中央不同的行政部门,由于人事与财政体制决定,图书馆又属系统和地方管辖,形成了条块结合的管理体制。图书馆与情报所又自成体系。这种体制为促进我国图书馆事业的发展曾起到积极作用,但这种体制宏观控制水平低,微观也不活,出现整体事业与分散管理的矛盾,不利于整个图书馆事业的规划协调与资源共享,不利于发挥基层的潜力。

为了加强我国图书馆和情报事业各系统的协调与合作,1987年10月22日成立了图书馆和情报事业发展协调机构——部际图书情报工作协调委员会。由文化部、国家科委、国家教委、中国科学院、中国社会科学院、国防科工委、邮电部、机械电子工业部、国家档案局、国家技术监督局、中国专利局等11个部、委、局组成。主要任务是提出中国图书馆和情报事业发展规划及方针政策的建议;研究和协调全国文献资源的合理布局与开发利用;研究和协调全国图书馆情报系统的计算机网络和数据库建设;组织协调和建设社会化的书目事业,如在版编目、统一编目、联合目录、国家书目等。但由于是个松散的组织,成立近10年,所起的作用甚微。

图书馆作为一种事业,应该实行行业管理。1980年中央书记处讨论图书馆工作时,决定在文化部成立图书馆事业管理局,管理全国图书馆事业。现在看来,图书馆事业像铁路、邮电、交通等行业那样集中管理是不可能的。根据我国的现状,实行中央统一指导,地方和系统宏观管理,图书馆实体负责的体制较好。即在国务院领导下,建立一个图书馆事业委员会,设立一个精干的办事机构,制定全国性的方针、政策和规则。由于人权和财权在地方政府和系统主管部门,由事业委员会宏观管理,主要是指由他们统筹规划,掌握政策,组织协调,检查监督,但不干预图书馆的具体事务,实际工作由图书馆负责,图书馆作为一实体应该让其在法规的范围内行使职权,履行自己的职责,而不受其他因素的干扰。

图书馆作为一个事业单位,应实行馆长负责制,1987 年 3 月中宣部、文化部、国家教委、中科院"关于改进和加强图书馆工作的报告"中明确提出实行馆长负责制。馆长的职责是:认真贯彻党的方针、政策以及国家主管部门的有关法规;领导制定全馆规划、工作计划;执行经费预算;督促、检查工作;对人员实行奖惩,在编制范围内向社会招聘。有些单位曾进行试点,效果不错,但1989 年之后有所变化。现在看来,还是要实行馆长负责制,馆长应在自己的职权范围内行使职权。如不称职,可按照一定法规和程序予以罢免。党组织的主要任务是加强党的建设,做好党员和群众的思想政治工作,保证全馆目标的实现,不要干预行政事务。使党政各司其职,各尽其责,有职有权,党政既有所侧重,又协调一致。

图书馆管理体制是当前影响我国图书馆事业发展的一个重要问题,应该进行改革。无论采取何种管理体制,所要达到的目的是:使图书馆便于履行职能,提高工作效率,使图书馆服务取得更好的效益,并促进各类型各层次图书馆的协调与协作,保证图书馆事业的健康发展。

(二)图书馆法律

为了保证图书馆事业与社会的协调发展,保证图书馆事业的顺利进行,国家要制定一定的法律,贯彻国家的意志。法律用以调节图书馆事业与社会其他事业的关系,也调节内部诸因素的关系,它构成一个国家对图书馆事业发展的种种规范的总和,是图书馆事业发展的方向和保证,是图书馆管理工作的直接依据,依法治馆是现代图书馆管理的指导思想。近年来政府主管部门制定了一些条例,例如《中国科学院图书情报工作暂行条例》、《中华人民共和国高等学校图书馆工作条例》、《省、自治区、直辖市图书馆工作条例》等,起到了积极的作用。但这些条例不是通过国家立法机关按照一定的程序制定的具有法律效力的规范,因而没有很强的约束力。例如原教育部1981年颁发的《中华人民共和国高等学校图书馆规程》第三十条明确规定:"文献资料购置费在全校教育事业费中应占适当比例,一般可参照5%的比例数,由学校研究确定。学校应从科学研究经费和计划外收入中提取适当比例作为购置文献资料的费用。"实际情况是,在执行中多数学校购书费并没有达到5%的比例数,至于从科研经费和计划外收入中提取购书费的学校更是寥寥无几了。又如文化部1982年颁发的《省(自治区、市)图书馆工作条例》第二十六条规定:"购书费在总经费中的比例一般不应低于40%",由于这些年来人头费和行政费增加较多,出现"人吃书"的现象,购书费占总经费的40%难以保证,加上书价上涨,图书馆购进的新书就更少了,一些馆几年没买一本新书。因此,只有立法才能使图书馆的经费得到保证,才能克服那种"谁重视谁给钱,谁会拜菩萨谁有钱,谁有路子好要钱"的"人治"现象。从宏观上说,中国图书馆改革最重要的课题是从"人治"走向"法治"的轨道。因为法律是国家意志的体现,具有强制性和约束力,可保障人民享有利用图书馆的权利,也是对图书馆提供经费、人员、物质的保证。

图书馆法是近代图书馆事业发展的产物。19世纪中期,欧洲一些国家为了促进图书馆的公共化,保证图书馆经费固定来源,加强图书馆管理,开始制订和颁布图书馆法。1850年英国议会通过《公共图书馆法》,规定每1万人的地区设一所图书馆,地方政府应对本地区的成人和儿童提供图书馆服务,经费从房地产税中提取。这是世界第一部全国性公共图书馆法,以后相继于1855年、1892年、1893年、1908年、1919年进行了补充和修订。1964年颁布了新的图书馆法——《公共图书馆和博物馆法》,进一步从法律上保证图书馆事业的发展。1972年又公布了涉及国家图书馆的《不列颠图书馆法》。英国的公共图书馆法强调为公民免费提供图书馆服务。

美国继1848年马萨诸塞州颁布公共图书馆法之后,1849年新罕布什尔州也通过了公共图书馆法。至1877年有20州制定了图书馆法。目前,美国各州均有公共图书馆法。1956年美国颁布全国性的《图书馆服务法》。1965年将其修订为《图书馆服务与建设法》,包括服务、建设、馆际合作和读者服务工作等四部分。1965年后美国国会通过了几项与图书馆有关的重要法令,如《初等和中等教育法》、《高等教育法》、《医学图书馆资助法》等。世界上许多国家都制定了不同类型的图书馆法。

图书馆法一般具有如下基本内容:①关于图书馆事业发展的原则和目的;②关于图书馆性质、地位和社会职能;③关于图书馆按人口数量比例的规定;④关于图书馆事业管理体制和组织机构;⑤关于图书馆人员编制、结构、素质和待遇;⑥关于图书馆馆长的条件、职责和任免程序;⑦关于图书馆文献资源建设与布局;⑧关于图书馆服务方式和标准;⑨关于图书馆的建筑与设备;⑩关于图书馆业务技术标准;⑪关于图书馆经费及其来源;⑫关于图书馆的协作、网络建设和资源共享。

由此看出,图书馆法对图书馆事业的建设与发展起到非常重要的作用。归纳起来有:

1. 指导作用。法规是国家意志的体现,是指导图书馆事业的依据,保证国家与各级政府对图书馆的领导和发展图书馆的正确方向。

2. 保障作用。法规保证人民群众享有使用文献信息资源和对文献信息机构进行监督的权利。

3. 规范作用。法规调节文献信息界内外关系,规定一定的行为准则,并具有强制性和约束力。

4. 保证作用。保证发展图书馆事业必须的经费、人力、物质和技术,促进事业的发展。

因此,争取我国图书馆法的早日产生,是图书馆改革的重要课题。在全国图书馆法没有产生之前,可制定地方性法规,如果某省能率先颁布图书馆法,就是一个突破。

(三)协调与合作

中国图书馆事业改革的另一个重大课题是从各自为政走向协调与合作,实现资源共享。我们生活在一个相互贡献而又相互依存的世界上,当今,任何一个图书馆都不可能将各种文献收集齐全,也不可能满足读者的所有要求,只有加强协作,走资源共享的道路。世界上一些国家的图书馆建立了专业性、地区性、国家性、国际性的合作组织,进行合作采购、合作编目、馆际互借、联合贮存等活动,达到资源共享的目的。在我国由于单位所有制的观念束缚人们的思想,加上宏观控制不力,协作的规模和水平很低。近年来市场经济观念的冲击,为本单位获取经济利益的分量越来越大,致使我国图书馆界的协作举步艰难,还没有恢复到"文化大革命"前的水平。

如何协作? 在目前情况下,先从一个城市做起,以后逐渐向地区性、全国性的方向发展。在经济发达国家,一个城市的公共图书馆系统是统一管理的,例如澳大利亚首都堪培拉只有 25 万人口,有 10 个公共图书馆,其中一个中心馆,其他馆都是它的分馆,中心馆负责采购与编目，分馆只管流通，分馆的馆长由中心馆任命。每个分馆备有全市的联合目录，居民在任何一个分馆都能借阅全市的藏书。这种做法可以减少重复劳动，方便读者，集中全市的人力和财力，发挥图书馆的效益。我们在一个城市有市馆、区馆，市馆对区馆只有业务上的辅导，在行政上各自为政，这不利于人、财、物的合理利用。

现代图书馆的协调与合作，最终要走自动化和网络化的道路。我国图书馆自动化从 70 年代末期开始起步，80 年代中期进入实用阶段，开始是单功能的处理系统，以后向集成系统发展。所谓集成系统，就是共享一个公共数据库的、集图书馆各项功能为一体的计算机系统。由于没有统一规划，到目前为止，专用软件包就有100 个之多，许多图书馆在同一水平上重复开发，多数系统功能相近，但不能兼容。加上有些系统采取非标准的数据格式，妨碍了系统间的数据交换，既造成人力和物力的浪费，又影响今后的联网和资源共享。我国图书馆自动化道路是首先发展单个图书馆的集成系统，而不是像美国那样首先建立联机编目网络，这是符合我国国情的，因为当时我们还不具备建立网络的条件和环境。但是，如果我国图书馆自动化长期处于"自给自足"小农经济的经营方式，必然导致低水平的重复，对整个社会来说是极大的浪费。图书馆自动化的水平不能提高，效益不能充分发挥，人们有理由怀疑投入大量人力、物力、财力所建立的自动化系统的作用，也影响图书馆事业的声誉和前途。解决的途径就是网络化，图书馆自动化系统如果没有网络环境的支持，其效益是有限的，所以应该冲破小生产经营方式的束缚，走社会大生产的道路，共同建设，共同享用，这是历史发展的必然趋势。我们所从事的事业是信息产业的一部分，信息具有存贮性，也有共享性，各个图书馆参加网络作出了贡献，本身也不会失去什么，大家都会得到原来没有的东西。正如萧伯纳所说，你有一个苹果，我有一苹果，我们彼此交换，还是各得一个苹果。但是,如果你有一种思想,我有一种思想,彼此交换,我们就都有了两种思想,参加网络也是这个道理。

(四)人员管理的机制

目前,图书馆存在着人员偏多,结构不合理,队伍不稳,素质不高等诸多问题。调动人的积极性是改革的中心问题。实践证明,"铁饭碗"、"大锅饭"是调动人的积极性的障碍。长期以来,图书馆工作存在职责不清、责任不明的弊病,近年来,一些图书馆抓住这个问题,开展了以建立岗位责任制为中心的管理改革,制定了有关的条例和工作细则,规定各部门、各工种的职责范围、数量标准和质量要求,并与考核制、奖惩制结合起来,收到成效。

应该肯定,在图书馆实行岗位责任制,建立严格的规章制度是必要的。但也应该看到,再多的条款也不能概括工作人员所有的活动,因此,规章制度也不是万能的。图书馆是一个学术性的服务机构,知识分子较多,这些人自尊心强,精神要求较高,对他们劳动积极性的调动,只靠规章制度难以奏效。而人的心理素质、思想觉悟对工作积极性影响很大,在建立规章制度,实行岗位责任制等"硬性管理"的同时,还要做好思想工作,调动人的积极性,实行"柔性管理",只有"刚柔相济",才能收到良好效果。图书馆作为一个公益性的社会组织,非利润性原则使图书馆难以从物质上满足职工的需求,根本的办法还是激发人们内在的工作动机,树立责任感和事业心。为此,在人员管理中建立竞争机制和激励机制是必要的,也是可能的,这是图书馆深层次改革的一个重要方面。传统的观念总是将安宁与平静视为图书馆的一大优势,但实际上图书馆内部个人与个人之间、部门与部门之间的竞争和冲突是客观存在的,那种满足表面平静的思想可能给图书馆埋下危机的祸根。工作不讲效率,不思上进,一潭死水,没有活力的图书馆是没有发展前途的。管理者应该在选择干部、评定职称、物质待遇、精神奖励等方面创造一种竞争的环境,真正做到条件公开,机会均等,公平竞争,择优选用,让人在公平竞争的条件下表现自己,这样才有利于提高工作效率和服务质量,有利于发现和培养人才,有利于增强群体的凝聚力。

关于激励机制,前面讲了很多,这里要强调的是,管理的艺术就在于,管理者要求人们具有某种行为时,可以通过激励的办法使该行为产生和强化。激励的方式越多,员工的积极性越高。如果在人员管理上建立比较完善的机制,图书馆的改革就会取得显著的成就。

(五)搞好服务

图书馆深层次的改革应在服务上下功夫,图书馆工作是文献信息从分散到集中,从无序到有序,从传递到利用的过程,最终表现在对社会的贡献上。人类在社会实践过程中,一方面不断生产文献,另一方面又需要利用文献。文献的生产不仅量大,而且分散、零乱,利用文献又要求集中、系统、准确、高速,正是由于文献存在的客观状况与社会对文献需求之间的矛盾,才需要图书馆,如果没有这种矛盾,图书馆就失去了存在的基础。图书馆工作的每个环节都是为了解决这一矛盾而产生和发展起来的,都有一定功能,所有环节构成图书馆工作的整体,使社会更好地利用和开发文献信息资源。

图书馆工作的基本矛盾,是社会对文献信息的需求和图书馆管理水平的矛盾。社会对文献信息的需求,指国家机构、社会团体及个人对文献信息的需要和利用。文献信息管理水平指文献信息机构对文献信息搜集、整理、贮存、传播和服务的数量、质量和效果。需求要求集中、系统、方便、准确、及时提供文献信息,而提供者因为各种因素的影响,又难以完全满足社会的需求,这就产生了矛盾。这种矛盾规定了图书馆工作的本质,对图书馆工作全过程起支配作用。社会对文献信息的需求是多样的、变化的,图书馆工作要不断地适应这种变化。社会的需求要求图书馆管理水平不断提高,管理水平与社会需求总是处于既相适应又不适应的矛盾过程中,由不相适应到相适应,由相适应又到不相适应,由不相适应再到相适应,由此无穷循环的过程,反映了图书馆工作不断改进和提高的过程,正是这种矛盾运动推动了图书馆事业向前发展。只有满足社会对文献信息的需求,才能实现图书馆的价值。只有将分散、零乱的文献信息收集、贮存、进行有序整理,才能构成文献信息资源,图书馆才能肩负保存人类文化遗产的职能。文献信息是宝贵的资源,只有发掘出来才能造福人类。

列宁早就说过:值得公共图书馆骄傲和引以为荣的,并不在于它拥有多少珍本,而在于使图书在人民中间流传,吸引了多少新读者,如何迅速满足读者的一切要求。只有将文献信息广泛传播,才能进行知识的交流,图书馆才能起到传播文化科学知识和进行社会教育的作用。现代社会文献品种和数量剧增,人们面临浩如烟海的文献信息,不知所措,只能望洋兴叹,他们所需要的已不是一般的供应,而是有针对性的选择,需要深层次的开发。美国未来学家奈比特认为:无组织的信息在信息社会里不再构成资源,相反,它成为信息工作者的敌人。受到大量技术资料困扰的科学家们抱怨这种信息的污染,他们说自己动手从头做试验也比查资料还快。他们被信息所淹没,但却渴求知识,这就是现代社会所谓"信息爆炸"和"知识饥渴"的矛盾,是社会需求和管理水平的矛盾在新的条件下的反映。为了解决这些矛盾,一靠经济发展,二靠技术进步,三靠科学管理,四靠图书馆工作者素质的提高。图书馆工作者应当充当文献信息与社会需求之间的桥梁,满足社会需求是图书馆工作者的社会责任,也是职业的价值所在。社会对文献信息的需求是永远存在的,而满足这种需求的图书馆工作也将永远发展下去。

当前,我国图书馆对社会服务的能力不强,水平不高,是妨碍图书馆事业发展的重要因素。一些图书馆工作者轻视服务工作,对读者有一种厌烦感,在他们看来,读者越少越好,不来更好。在这种情绪支配下,所谓"满腔热情,千方百计",无从谈起;"读者第一,服务至上",只是一句空话。现在一些图书馆抱怨领导不重视,社会地位低,实际情况也确是如此,这是一方面。另一方面需反问自己,我们的工作做得怎么样?对社会做出了多大的贡献?我们只有用良好的服务造成社会对图书馆的依赖,从社会的依赖引起社会的重视,从社会的重视促进事业的发展,这是图书馆一切工作的出发点和归宿。

(六)公益服务与商品服务

图书馆经费不足是世界性的难题,也是制约我国图书馆事业发展的重要因素。应该说,最近十几年来,国家对图书馆事业的投资增加幅度较大,就公共图书馆来说,事业费从 6000 万增加到 3 亿 4 千万,增长 5.6 倍,人员由 1 万人增加到 4 万人,馆舍面积也翻了一番。但在这些鼓舞人心的数字背后,隐藏着图书馆事业萎缩的危机。主要表现在:购书费虽然有所增加,但购书费在图书馆整个经费中的比例下降,自 1985 年以来购买的新书以每年减少 100 万册的速度下降,由于图书馆成了"旧书馆",读者人次普遍下降。经费短缺还造成队伍不稳,成了困扰图书馆的主要问题。在这种情况下,只靠政府的投资是不行了,一些图书馆用各种方式寻求政府拨款以外的经济收入,以补充经费的不足,既有业务范围内的有偿服务,也有业务范围外的经营性活动,这种作法习惯上称为图书馆创收。有些图书馆通过创收,促进了事业的发展,加强了队伍团结,更好地履行了图书馆的职能。有些图书馆的创收,在社会上造成不好影响,败坏了图书馆的声誉。对于创收,社会上和图书馆界议论纷纷,褒贬不一。在目前情况下,创收不是搞不搞的问题,而是如何搞的问题。在图书馆的生存与发展面临严峻挑战的情况下,不准搞创收,显然是不现实的。实际上,一些图书馆在搞好服务的前提下,结合业务进行扩展和延伸,开展一些创收活动,收到良好效果。为了生存,有些馆出租馆舍,或利用馆舍开餐馆、办舞厅、办招待所,借阅书刊也要收费,这种做法在短期内可能增加一些收入,从长远看对事业是不利的。有些图书馆开工厂,办商店,搞养殖业,也不是长远之计。从长远看,图书馆在从事公益性服务的同时进行商品性服务的最佳选择是从事信息服务业。看来,图书馆既从事公益性服务业,也从事信息服务业,是一条值得探索的道路。

图书馆事业属于社会服务业。从经济学的角度看,服务业分为两类,一类是公益性服务,一类是商品性服务。国家投资兴办的图书馆,是国家的社会事业,不以营利为目的,担负公益性服务的职责,这是因为,图书馆与企业在性质、职能和评价标准上是有区别的。

首先,与企业性质不同。图书馆是国家投资的,而社会财富是人民创造的,人民有权享受免费服务。有些服务要收费,如复印、计算机检索等,收费只是收回成本,这与经营商品不一样。图书馆不是经济实体,不能推向市场,不能自负盈亏,世界上也没有一个国家把国家兴办的图书馆事业作为营利性的事业。

其次,与企业职能不同。企业生产商品,通过销售商品追求经济目标;而图书馆搜集、整理、贮存文献信息通过知识产品的传递取得经济效益,具有保存人类文化遗产,开展社会教育,传递科学信息,开发智力资源的职能。图书馆不是物质生产部门,它的服务首先在追求社会效益的前提下展开,其社会效益主要表现在提高全民族的科学文化水平和劳动者的素质。一个文化教育落后的民族是不可能跻身于现代化行列的,低素质的劳动者也不可能长久地在激烈的市场竞争中取胜。图书馆虽然不直接创造经济效益,但通过使用者对文献信息资源的开发和利用创造的经济效益却是无法估量的。

再次，与企业的评价标准不同。企业的效益直接通过市场价格和利润表现出来。图书馆事业的效益只能通过使用者运用到实践中体现，而且很难直接计算，其效益具有间接性和潜在性。我们不能只用市场经济的标准来衡量它们的作用和工作的好坏。如果只强调市场导向，可能出现趋利现象和短视行为。所谓趋利现象，就是忘却或丢掉自己的"天职"，不讲社会效益，一味追求金钱。所谓短视行为，就是急功近利，缺乏长远和整体的眼光，这样做也许在短期内得到较多的经济收入，从长远看对事业的发展是不利的，会使国家和人民的根本利益受到损害。

当然，公益性服务也可以借鉴市场经济的一些手段与方法，如合理的资源配置、竞争机制、效益的评估等，目的不是为了获取经济利益，而是为了搞好公益性服务。

图书馆在进行公益性服务的同时，可以从事信息服务业，从而获取一定的经济收入。信息服务业是信息产业的组成部分，信息产业是从事信息技术的研究、信息资源开发与利用、信息设备的制造以及提供信息服务的行业，信息产业是用经济的手段管理信息资源，使信息资源的生产、交换、分配和消费的运行遵循经济的规律，使信息资源规模开发，并把信息产品推向市场，按市场经济的机制运行。信息产业包括什么范围，目前意见不一，一般认为分为信息技术及设备制造业和信息服务业两大类。

信息服务业是知识、技术、智力密集型产业，它包括信息处理业、信息提供业、软件开发与服务业、系统集成服务业、咨询业等，是有良好发展前途的行业。据日本《信息服务产业白皮书》统计，1989 年底全世界信息服务业市场规模已超过 1800 亿美元，其中美国 920 亿美元，西欧 521 亿美元，日本 335 亿美元，澳大利亚20.3 亿美元，我国的台湾省也有 5.9 亿美元。而且，自 80 年代以来,信息服务业的营业额正在赶上或超过计算机的销售额。还是以 1989 年为例,美国信息服务业营业额为 920 亿美元,计算机的销售额为 526 亿美元;欧洲共同体前者为 521 亿元,后者为 471 美元;日本前者为 335 亿美元,后者为 332 亿美元。信息服务业在信息产业结构中比重增加,反映了社会对开发信息资源的客观需求,也表明信息服务业的美好前景。

自实行改革开放的方针以来,我国的信息服务业有所发展,到 1992 年底,各种信息咨询机构达 20000 家左右,从业人员 25 万人,年营业额 25 亿元。在这些机构中,有官办的,也有民办的,有全民所有制,也有集体所有制,还有私营的。他们是根据社会需要、市场导向,结合自身的条件,依靠一批专业人才组织起来的服务机构,在科技、工程、商务、金融、税务、法制、房地产、人才交流等领域开展信息服务工作,为经济的发展和社会的进步作出了贡献。就地区而言,主要集中在经济比较发达的京津地区、长江三角洲和珠江三角洲等地。

图书馆从事信息服务业的活动,主要有以下几方面的工作:

1. 信息处理加工服务

过去数据都是手工处理的,由于事业的发展,许多行业搜集和生产的信息量很大,时效要求高,自己处理人力和技术力量不足,成本高,于是信息处理加工业务走上社会化、专业化、产业化的道路,出现了信息处理加工服务业。1988 年美国信息处理加工业总值就达到了 187.2 亿美元。现在我国的一些图书馆的人员和设备只为本馆服务,设备利用率不高,专业人员工作量不满,因此,有条件面向社会进行数据录入、委托计算、出租机时、脱机服务、系统软件和程序设计等工作,在这个领域是可以有所作为的。

2. 信息提供服务

信息提供服务在美国指网络服务,在日本主要指数据库服务。日本数据库销售额 1987 年为 432 亿日元,1990 年达到 2336 亿日元,增加5.4倍,是信息服务业中增长率最快的行业之一。据估计,1995年将达到5307亿日元。美国权威的《计算机可读数据库》1992年统计,从1975年到1992年,该库收录的数据库从301个增加到7637个,增加24倍;记录从5200万条增加到40.6亿条,增加77倍;数据库生产单位从200家增加到2372家,增加12倍;数据库批发商从105家增加到933家,也增加38.9倍。这些数据反映了社会对信息资源开发的需求,也说明数据库服务有着广阔的发展前途。

到1992年止,我国建成数据库800多个,共有5000万条记录,有些数据库已经投入市场,显示了一定的生命力,但还没有真正走上社会化、产业化的道路。数据库产业是信息服务业的基础和后盾,当知识与信息以数据库的形态出现,才真正形成一种战略物质,它所显示的经济价值,在信息商品化和产业化过程中起到关键作用。图书馆拥有丰富的文献信息资源,有建库的人员和设备,在这方面是可以发挥较大作用的,不仅可为本单位使用,而且可满足国内外的需求。从信息资源的社会化开发和利用的角度看,数据库的生产和服务具有持续的、巨大的市场潜力,既有社会效益,也有经济效益。

3. 咨询服务

咨询服务是信息服务业的重要支柱之一,范围非常广泛,有良好的市场发展前景。1991年美国咨询业产值200亿美元,法国15亿美元,英国10亿英镑。许多国家都建立了不同类型、不同规模的咨询机构:有为政府及其首脑的重大决策提供咨询的高级顾问班子,如美国总统科学咨询委员会、德国总体经济发展专家委员会等;也有独立的综合研究机构,如美国兰德公司、日本野村综合研究所等;还有民间各种咨询公司。自80年代以来,我国建立了各种咨询公司,开展了不同内容的咨询服务,有些取得良好的效果,并有蓬勃发展的趋势。咨询服务本是图书馆业务的组成部分,可以利用文献、人才、设备、馆舍等条件,开展多种咨询服务,如为领导机关提供背景材料和研究报告,供有关部门决策参考;也可以跟踪科研课题,为科学研究服务。在经济方面,协助企业寻找新工艺、新方法,开发新产品;收集专业产品的资料,寻找投资对象和销售渠道;帮助企业查找新产品、新工艺能否申请专利以及调查国外公司信誉,进行市场分析等。此外,还可以开展系统设计与程序设计、网络及多媒体综合服务等。

图书馆从事信息服务业的活动,应具备以下基本条件:

1. 转变观念。从事信息服务就要遵循市场经济的规律,就要转变"等人上门"的观念,树立资源意识、市场意识和信息意识。要把管理的文献信息资源看成丰富的宝藏加以开发,就要有信息意识,即信息的猎取、组织和利用的观念和能力。具体说来,就是对信息有特殊的、敏感的感受力,对信息具有持久的注意力,对信息的价值具有科学的洞察力和判断力。要实现信息的商品化和产业化,就要把产品推向市场,只有具备市场观念,才能在激烈的竞争中立于不败之地。

2. 规模开发。信息资源是取之不尽、用之不竭的,但它又是零散的、杂乱的,只有用现代化手段进行搜集、整理达到一定数量,才能取得较大的效益。依靠一馆的力量小打小闹是不行的,必须走联合的道路。首先是图书馆界的协调与合作,共同使用人力、物力和文献,达到资源共享;其次是组织社会上的力量,共同开发信息资源,并运用市场经济的机制进行管理。

3. 人力设备。开展信息服务是需要一定的人力和设备的。首先人是根本,既要有策划者,又要有组织者,还要有具备一定专业知识和技能的工作人员。其次要有一定的设备这是不言而喻的。公益服务业与信息服务业的根本目的都是为了开发信息资源,促进社会进步,应该是互相依存,相互促进的,但实际上又会有矛盾。处理得好,会促进事业发展,处理得不好,可能两败俱伤。无论公益服务还是信息服务,都依赖于图书馆人力、物力、财力、文献等资源,只有具备雄厚的实力,才能搞好服务。公益性服务是无偿的,这是图书馆的职责所在;信息服务是有偿的,利用国家投资的资源获取一定的经济收入,补充国家投资不足,可促进公益性服务。

以图书馆为基地,开展信息服务业,有人形象地比喻为"前店后厂"的关系,图书馆是"厂",信息服务业为"店",图书馆生产产品,信息公司推销,以厂保店,以店促厂。图书馆既从事公益性服务业,又从事信息服务业还在探索中,人们会在实践中去总结和检验。

三、改革的艰巨性

十几年来,我国图书馆界顺应改革的潮流,在管理制度和服务方式等方面进行了一些探索,取得一定的成绩。但是,这场内容广泛、影响深远的改革,并没有固定的模式和方案,大家都是按照自己对中央精神的理解,根据本身的实际情况在实践中探索。迄今为止,图书馆界所进行的改革,从广度看是局部的,从深度看还是表面的,从长远目标看,只是初步的。一些深层次的问题还没有触及。

十几年的历程,使我们对改革的艰巨性和复杂性有了进一步的认识。改革既然是一场革命,就要触及人们的利益,打破原有的平衡,而新的秩序的建立不可能一帆风顺,可能遭受到挫折甚至失败。改革是一项既严肃而又有秩序的工作,既要坚决,也要慎重。在改革过程中,一定要坚持实事求是的思想方法,提倡调查研究的工作作风,看准了就改,没有把握不要盲动。要允许发表不同意见,不要轻易给人扣上反对改革的帽子,也不能苛求改革者万无一失。

领导者的素质是改革的关键条件之一。改革从来都是有识之士发动的，一个墨守成规、不求上进的领导者绝不可能发动和领导一场改革，改革需要领导者的勇气与智慧。应该说，改革的形势都是公平地出现在所有图书馆的面前，为什么有的馆能抓住时机，根据本馆的实际情况，进行卓有成效的改革，关键就在于领导者能带领群众走改革的道路。

　　更新观念也是进行改革的重要条件。现在的图书馆事业是在旧的基础上发展起来的，旧的观念不会完全消失，有时还会相当顽固地对人们的思想进行困扰。如果用旧观念去理解新生事物，是非就可能颠倒，改革就不可能顺利进行。因此，在进行改革时，必须用马列主义的立场、观点和方法为指导，促使人们摒弃旧观念，树立新观念，改革才有共同的语言和思想基础。

　　在改革过程中，深感图书馆领域理论与实践脱节的现象依然存在。这些年来，图书馆学理论研究比较活跃，提出了不少新的理论与观点，但缺乏指导性的理论去解决改革大潮中面临的实际问题，这种现象人们称之为"富饶的贫困"。的确，理论需要实践的沃土，实践需要理论的指导。这场丰富多彩的改革，将会使我国图书馆事业发生深刻变化，出现新的局面，展现在理论工作者前面的是广阔的沃土。我们相信，通过改革，我们所得到的不仅是实际的丰硕成果，还会在理论上有所提高。

参考文献

1. 黄宗忠编著,图书馆管理学,武汉大学出版社,1992 年。

2. 王淑惠著,现代图书馆管理,河北人民出版社,1989 年。

3. 王学东著,图书情报管理学概论,中国商业出版社,1990 年。

4. (美)罗伯特·D·斯图亚特、约翰·泰勒·伊斯特利克合著,石渤译,图书馆管理,书目文献出版社,1984 年。

5. (苏)福鲁明著,赵连生等译,图书馆的组织与管理,书目文献出版社,1985 年。

6. 张尚仁等著,管理、管理学、管理哲学,云南人民出版社,1987 年。

7. 杨海涛著,比较管理学导论,江西人民出版社,1988 年。

8. 孙耀君主编,管理学名著选读,中国对外翻译出版公司,1988 年。

9. 夏书章主编,行政管理学,中山大学出版社,1991 年。

10. 任宝崇著,组织管理心理学,华夏出版社,1987 年。

11. 林瑞基著,组织传播学,湖南文艺出版社,1990 年。

12. 夏国栋主编,图书馆界名人论改革,黑龙江人民出版社,1993 年。

13. 余长根著,管理的灵魂,复旦大学出版社,1995 年。

14. 彭向刚著,领导科学,吉林大学版社,1990 年。

15. 谢灼华主编,中国图书馆和图书馆史,武汉大学出版社,
    1987 年。
16. 程亚男著,图书馆与社会,书目文献出版社,1994 年。